AF452083

PREMIERS ÉLÉMENTS

D'ART DÉCORATIF

PREMIERS ÉLÉMENTS

D'ART DÉCORATIF

(principes et applications)

PAR

G. FRAIPONT

PROFESSEUR A LA LÉGION D'HONNEUR

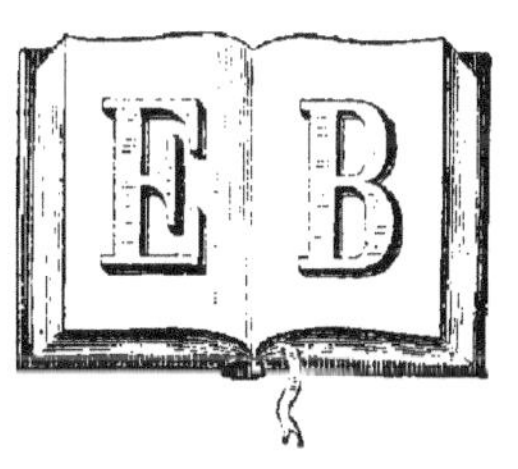

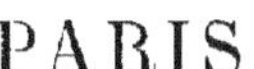

PARIS

LIBRAIRIE CLASSIQUE EUGÈNE BELIN

BELIN FRÈRES

RUE DE VAUGIRARD, 52

—

1909

SAINT-CLOUD. — IMPRIMERIE BELIN FRÈRES.

AVANT-PROPOS

L'*Art décoratif* ou *Décoration* est l'art d'orner des surfaces par des motifs puisés dans la nature, mais agencés, interprétés ou transformés de diverses manières.

Ces surfaces peuvent, naturellement, varier à l'infini dans leurs formes et dans leurs dimensions.

Elles peuvent être rectangulaires, triangulaires ou arrondies, à pans coupés ou de formes fantaisistes.

Elles peuvent être planes comme un panneau de paravent ou un plat de livre, à plusieurs faces comme un coffret, cintrées et contournées comme un vase.

La décoration des surfaces varie, elle aussi, suivant les formes à garnir et suivant le but auquel elle est destinée : *Broderie, Dentelle, Cuir repoussé, Pyrogravure, Enluminure*, etc.

La base de l'Art décoratif, comme de tous les arts picturaux ou graphiques, est le **Dessin**.

Le dessin, c'est la grammaire de l'art : il est donc aussi indispensable de l'étudier, pour faire de la décoration, qu'il est indispensable d'apprendre la grammaire pour écrire sa langue.

Le dessin est, à proprement parler, la traduction de la nature au moyen de lignes diversement combinées et assemblées : lignes *droites* (horizontales, verticales et obliques), lignes *courbes* et *points;* le point est l'intersection de deux lignes.

On ne peut arriver à rendre un sujet quel qu'il soit : fleur, animal ou figure humaine, paysage ou monument, qu'au moyen de ces lignes, droites plus ou moins longues, plus ou moins penchées; courbes plus ou moins arrondies: points plus ou moins espacés.

En dessin, le point est équivalent à la trace que laisserait une piqûre d'aiguille. Il peut être plus ou moins gros, de même que les lignes peuvent être plus ou moins épaisses.

En écriture, on se sert des *pleins* (lignes épaisses) et des *déliés* (lignes fines : en dessin également.

Lignes et points sont, en quelque sorte, l'alphabet du dessin et permettent, par leurs combinaisons variées, de reproduire toutes les formes, si compliquées soient-elles, comme les lettres de l'alphabet permettent d'écrire tous les mots d'une langue.

Lignes droites, lignes courbes et points combinés entre eux, voilà donc les trois éléments du *Dessin*, par conséquent de la *Décoration*, qui n'est qu'une application du dessin, mais comporte des règles spéciales que nous allons tâcher d'indiquer de notre mieux.

PREMIÈRE PARTIE

CHAPITRE PREMIER

Les lignes droites.

Nous allons essayer de donner les premiers éléments de l'Art décoratif.

Procédant graduellement, nous commencerons par le plus simple pour arriver, petit à petit, au compliqué.

Nous prendrons donc, comme point de départ, la ligne droite.

Par ligne droite nous entendons, ainsi que nous l'avons dit dans notre avant-propos, aussi bien l'oblique, quelle que soit son inclinaison, que l'horizontale et la verticale.

Ces lignes seront, suivant la figure que l'on voudra tracer, longues ou courtes, continues ou interrompues.

Nous avons, au début, parlé de l'alphabet. Pour nous faire bien comprendre, servons-nous encore du même terme de comparaison : certaines lettres sont formées uniquement de lignes droites : telles sont :

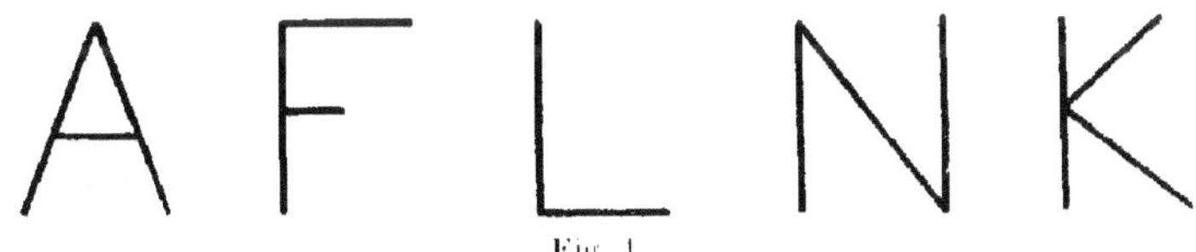

Fig. 1.

D'autres ne comportent que des courbes :

Fig. 2.

Enfin il en est qui sont formées de courbes et de droites :

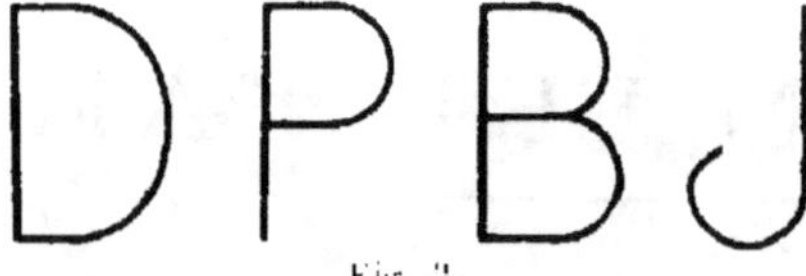

Fig. 3.

Poussons plus loin nos exemples ; prenons les ponctuations et les signes :

Le point d'exclamation ! comporte une droite et un point.

La virgule , est une courbe irrégulière.

Le point d'interrogation ? se compose de courbes et d'un point.

La parenthèse (est une courbe régulière.

L'accolade ; est formée de courbes combinées.

Nous verrons, dans le courant de ce petit traité, que même les lettres, agencées de certaines manières, peuvent servir de motifs décoratifs. Mais n'anticipons pas et revenons à la ligne.

Occupons-nous d'abord de la ligne droite, à l'aide de laquelle nous allons chercher quelques formes.

Les premières qui se présenteront à votre esprit seront d'abord celles que vous avez tracées déjà en apprenant votre géométrie :

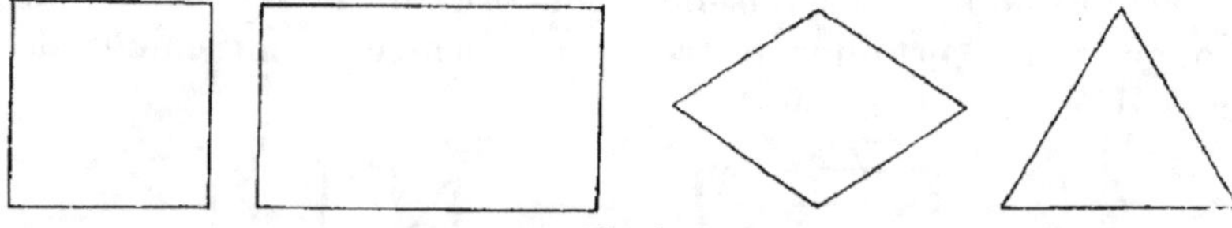

Fig. 4.

Le carré, le rectangle, le losange, le triangle, que nous appellerons *figures fermées* (*fig.* 4.)

Ces figures prendront une autre allure si nous supprimons une des lignes ou un fragment des lignes de formation :

Fig. 5.

Elles deviendront alors *figures ouvertes* (*fig.* 5). En juxta-
posant ces figures les unes aux autres, ou en ajoutant des lignes
supplémentaires, nous modifierons encore les formes ; nous obtiendrons ainsi d'autres figures : Servons-nous d'abord des
figures fermées (*fig.* 6) :

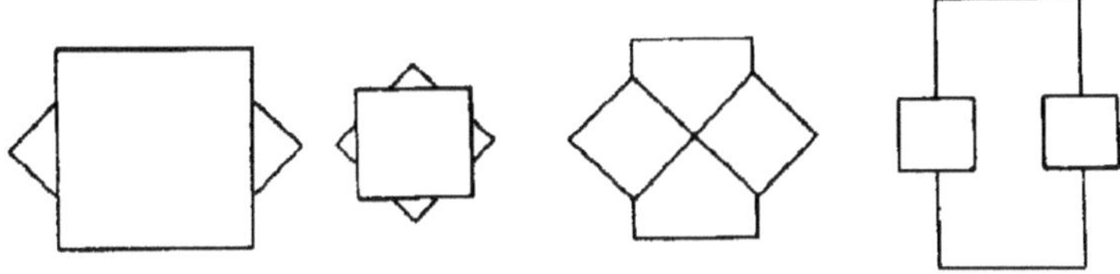

Fig. 6.

Avec l'emploi d'éléments identiques, placés presque de la
même façon, on obtiendra des figures différentes rien qu'en
modifiant les proportions de ces éléments les uns par rapport
aux autres. Prenons les exemples de la figure 6, et changeons
les proportions des diverses parties qui les composent ; nous
obtenons des ensembles très différents (*fig.* 7) :

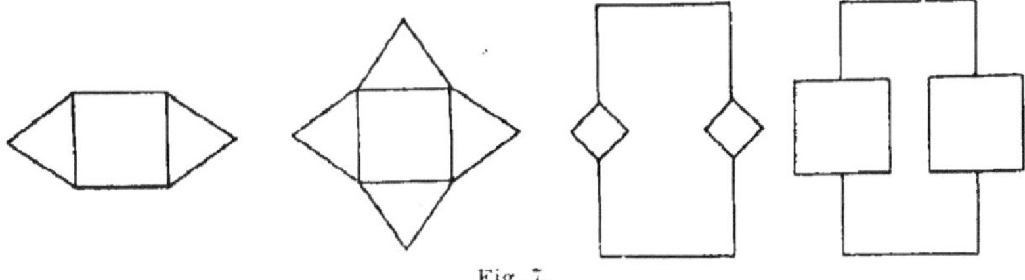

Fig. 7.

Mêmes principes pour les figures ouvertes (*fig.* 8) que nous

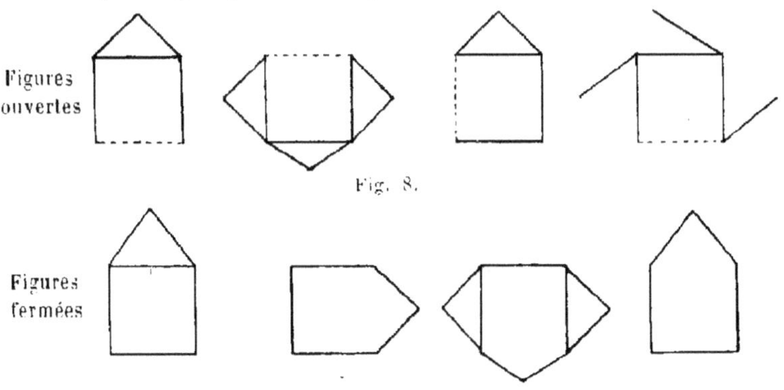

Fig. 8.

Fig. 9.

laisserons ouvertes même après l'adjonction d'autres motifs ou que nous fermerons à l'aide de ceux-ci (*fig.* 9) :

En répétant régulièrement certaines de ces formes, soit en hauteur, soit en largeur et à côté les unes des autres, nous arrivons déjà à composer un motif d'ornementation très simple (*fig.* 10) :

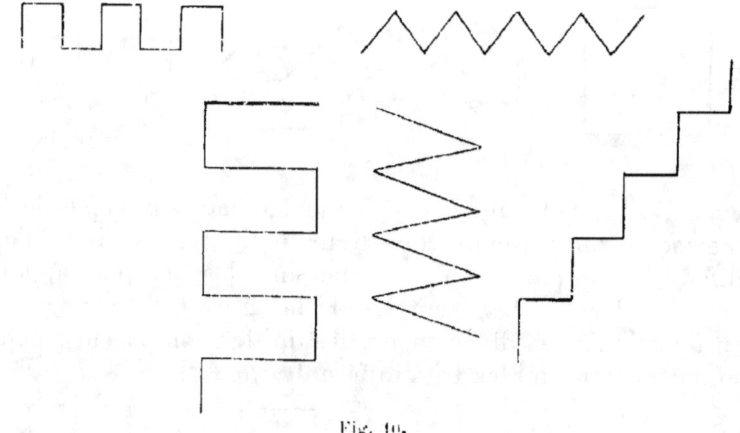

Fig. 10.

En gardant ces seules formes, doublées d'autres lignes, nous obtiendrons d'autres combinaisons *fig.* 11 :

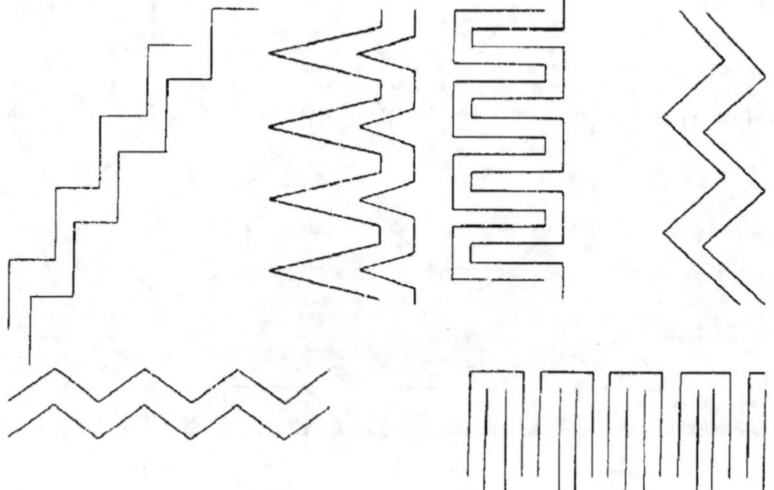

Fig. 11.

Ces figures sont formées chacune avec un seul élément ;
mais, si nous prenons plusieurs éléments, d'autres arrangements se présentent (*fig.* 12) :

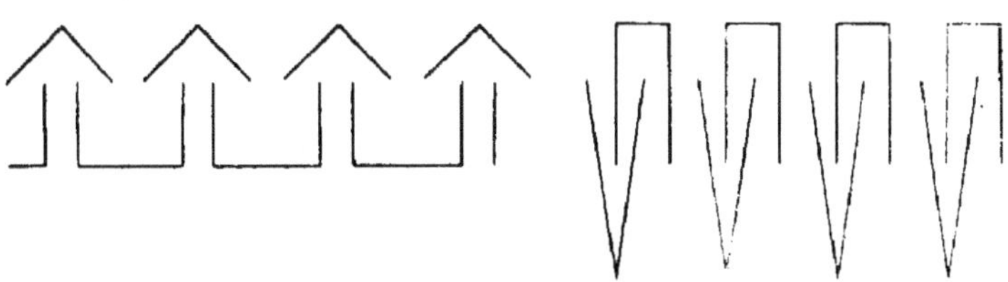

Fig. 12.

Si, enfin, à ces divers motifs, nous ajoutons des lignes supplémentaires reliant les éléments entre eux, les motifs ornementaux deviennent déjà plus complets (*fig.* 13, A) :

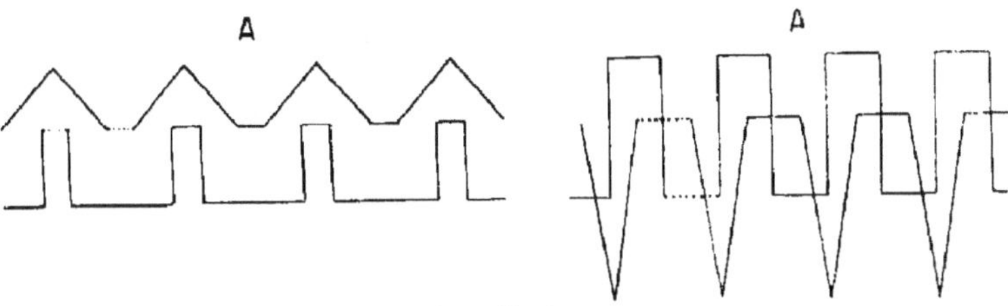

Fig. 13, A.

Nous pourrons les varier et les changer d'aspect en variant
et en changeant la combinaison de ces lignes supplémentaires (*fig.* 13, B) :

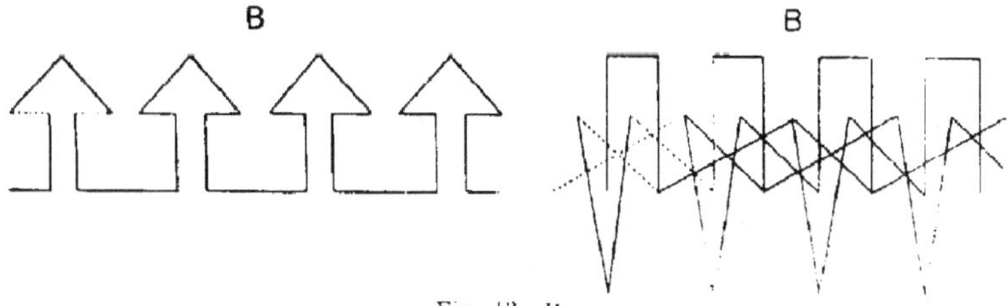

Fig. 13. B.

En agençant d'autres lignes encore, nous compliquons et
nous ornementons de plus en plus ces motifs (*fig.* 13. C), et
pourtant le point de départ est resté le même : nous n'avons
employé que les éléments donnés (*fig.* 12) uniquement faits
de lignes droites.

Dès l'abord, nous devons faire une remarque très importante et *dont il faudra toujours et sans exception tenir compte :*

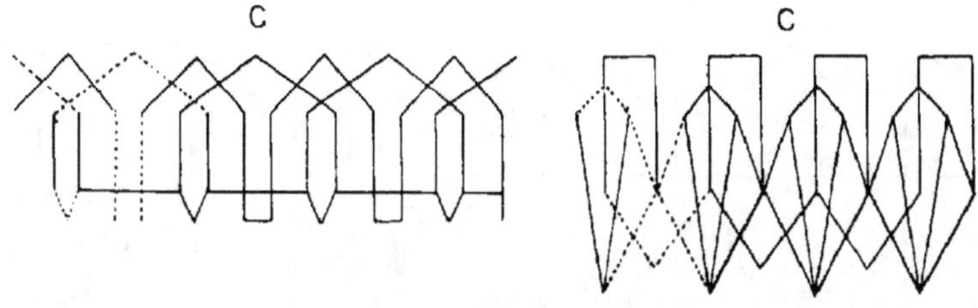

Fig. 13. C.

C'est la grande régularité des distances et des proportions qu'il faut toujours rigoureusement observer dans la combinaison des divers éléments. Cela est indispensable pour tout dessin, quand il s'agit d'un dessin à répétition surtout.

Devoir. — Avec des combinaisons de lignes droites, former : 1° des figures fermées et des figures ouvertes simples; 2° des figures composées en se basant sur les exemples 6 à 13.

CHAPITRE II

Les lignes courbes.

Tout ce que nous venons de dire par rapport aux lignes droites peut également s'appliquer aux lignes courbes, mais celles-ci demandent quelques indications supplémentaires.

La ligne droite, s'il s'agit d'horizontale ou de verticale, ne fait varier une forme que suivant sa longueur.

Un carré, vous le savez, est une figure dont les quatre côtés sont égaux.

Un rectangle est une figure dont deux côtés, égaux entre eux, sont plus longs que les deux autres.

Donc ces deux figures ne diffèrent que par les longueurs de lignes.

S'il s'agit d'obliques, non seulement la longueur, mais encore l'inclinaison qu'on leur donne en modifie la forme.

Dans les lignes courbes, c'est le plus ou moins d'accentuation de la courbure qui décide d'un contour.

Il est des courbes très peu arquées, d'autres un peu plus, d'autres davantage encore, jusqu'à ce qu'on atteigne le demi-cercle.

On peut dire qu'elles correspondent à l'angle plus ou moins aigu dans lequel elles s'inscrivent (*fig.* 14) :

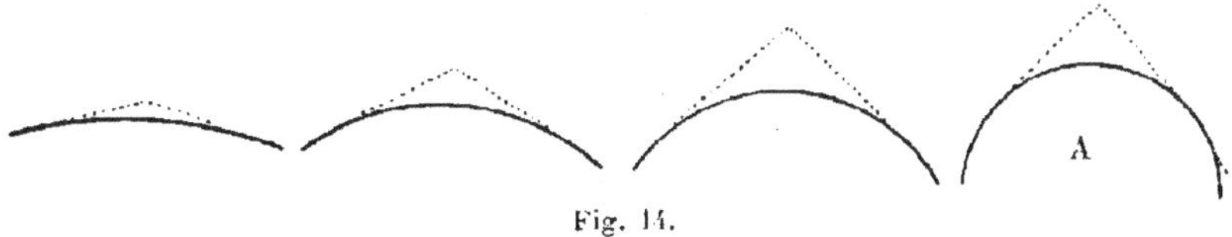

Fig. 14.

Au demi-cercle l'angle inscrit est rectangle (*fig.* 14, A).

Il ne s'agit ici que des courbes régulières (symétriques), de parties de circonférences qu'on obtiendra à l'aide du compas plus ou moins ouvert, en éloignant plus ou moins le centre.

Ce sont là les courbes les plus simples.

Il en est d'autres plus difficiles à tracer, mais qui jouent un très grand rôle en décoration, ce sont les courbes irrégulières (asymétriques), c'est-à-dire celles dont la courbure est peu accentuée dans certaines parties, davantage dans d'autres et qui permettent d'obtenir une infinie variété de tracés et de formes : celles qui ne peuvent être, dans toute leur étendue, tracées au compas (*fig.* 15) :

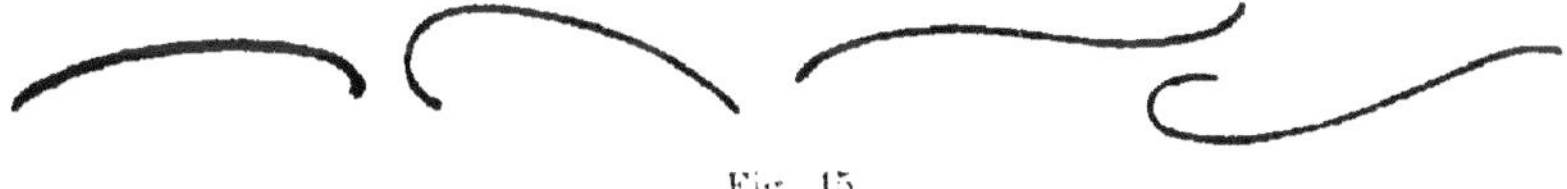

Fig. 15.

Plus compliquées encore sont celles qui se contournent comme l'S de l'alphabet par exemple, ou de façon plus compliquée encore (*fig.* 16) :

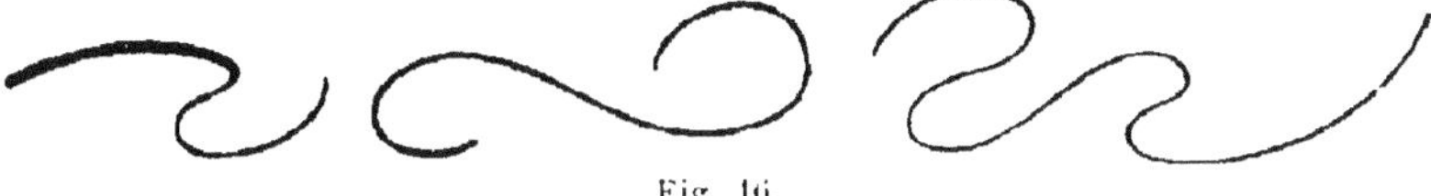

Fig. 16.

Ces diverses indications nous serviront par la suite, mais il était utile de les donner dès le début afin de bien faire saisir ce qu'on entend exactement par courbes.

Pour l'instant, procédons identiquement pour les courbes comme nous l'avons fait, au chapitre précédent, pour les droites.

Cherchons des formes par des courbes régulières d'abord.

La circonférence (ou cercle) est la courbe la plus simple inscrite dans un carré; tous ses rayons sont égaux comme les côtés du carré sont égaux aussi (fig. 17, A):

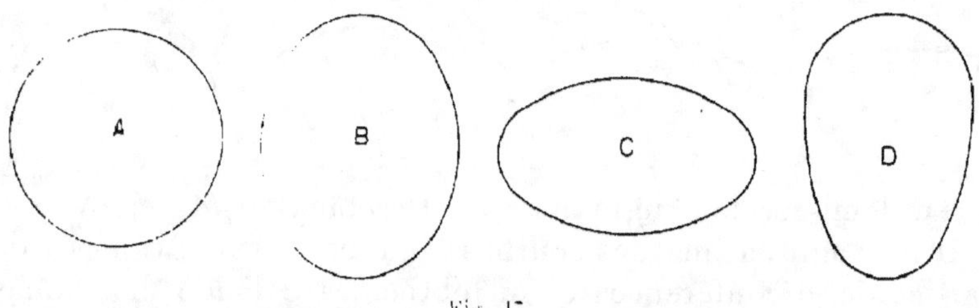

Fig. 17.

L'ellipse, qui vient ensuite, est inscrite dans un rectangle dont les côtés sont plus ou moins longs, deux par deux (fig. 17, B, C):

L'ovale s'inscrit également dans un rectangle.

Vous savez ce qui distingue l'ovale de l'ellipse: cette dernière est exactement symétrique; l'ovale est plus en pointe d'un côté que de l'autre: l'œuf est ovale (fig. 17, D).

Voilà donc les formes simples auxquelles on pense tout d'abord, mais il en est bien d'autres à trouver en arquant plus ou moins les lignes et en les variant (fig. 18):

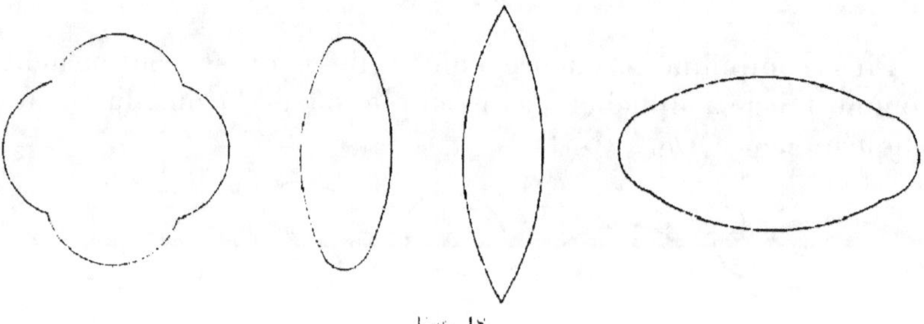

Fig. 18.

Voilà des figures fermées à lignes courbes (*fig.* 18).

Voici des figures ouvertes à lignes courbes (*fig.* 19) :

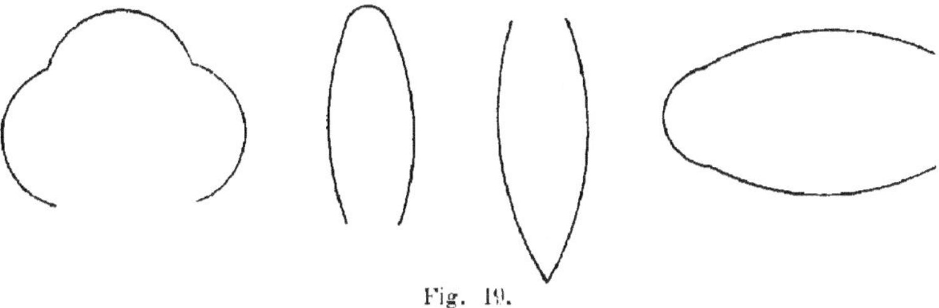

Fig. 19.

Comme pour les figures à lignes droites, augmentons-les les unes par les autres (*fig.* 20) :

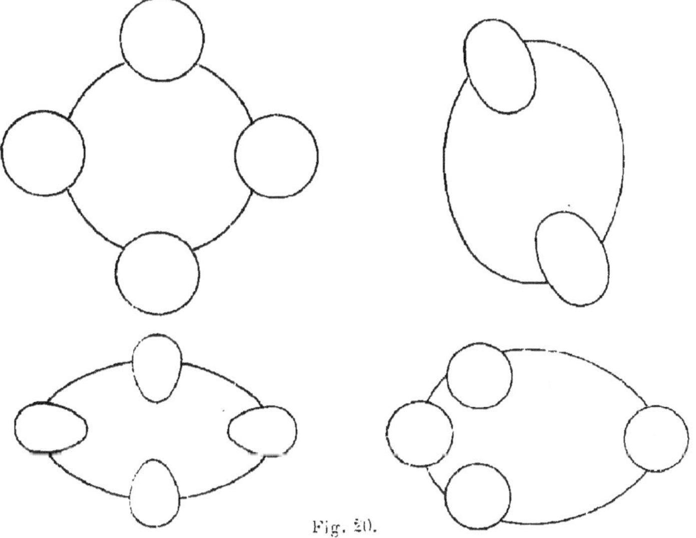

Fig. 20.

Puis tronquons-les (*fig.* 21) :

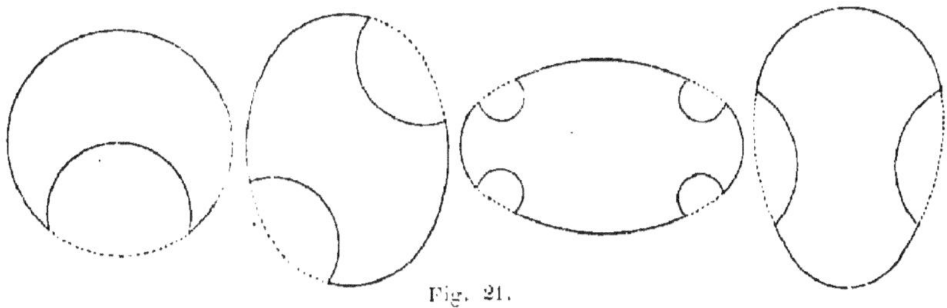

Fig. 21.

Nous avons déjà toute une variété de figures, tant droites que courbes, qui nous serviront par la suite.

Devoir. — En se servant uniquement de lignes courbes, trouver : 1º des figures fermées et des figures ouvertes simples ; 2º des figures ouvertes et des figures fermées composées de plusieurs motifs (comme figures 18 à 21).

CHAPITRE III

Les droites et les courbes.

Maintenant que nous connaissons l'emploi des lignes droites et des lignes courbes employées isolément, cherchons des formes en combinant ces deux sortes de lignes entre elles.

Suivons la même méthode que dans les deux chapitres précédents.

Figures fermées d'abord (*fig.* 22) :

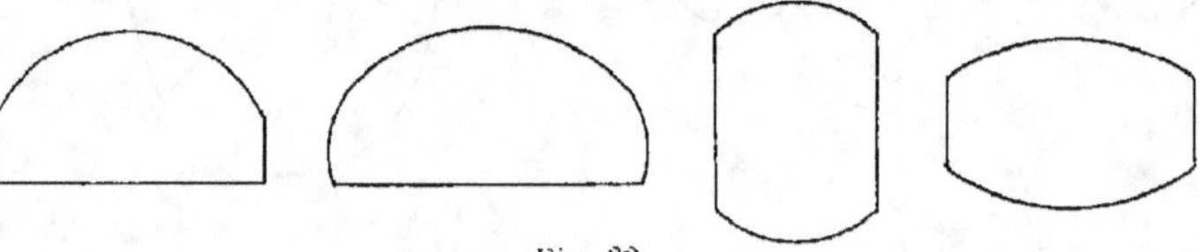

Fig. 22.

Figures ouvertes ensuite (*fig.* 23) :

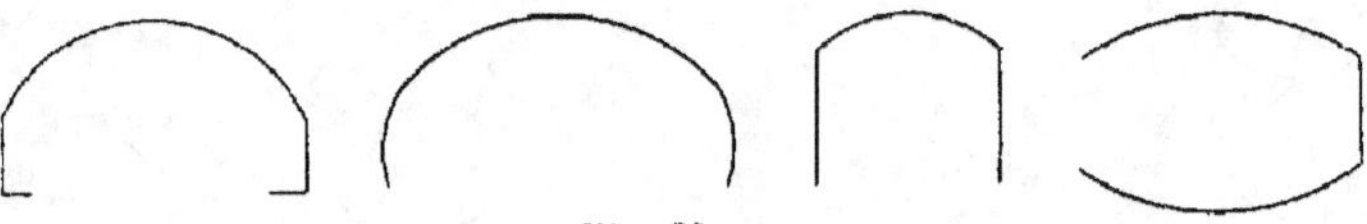

Fig. 23.

Puis figures augmentées, soit avec des éléments droits (*fig.* 24) :

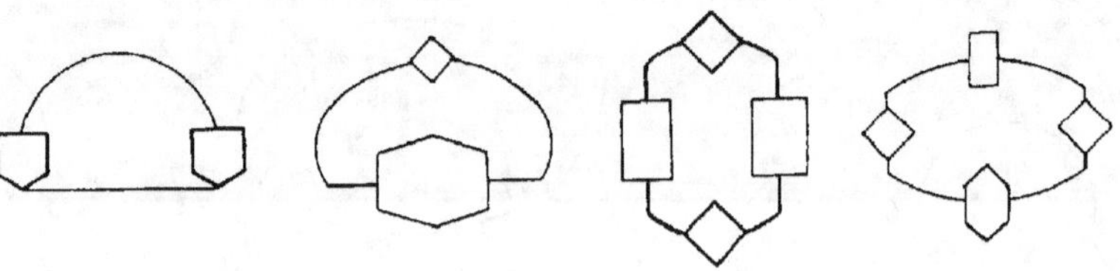

Fig. 24.

Soit avec des éléments courbes (*fig. 25*) :

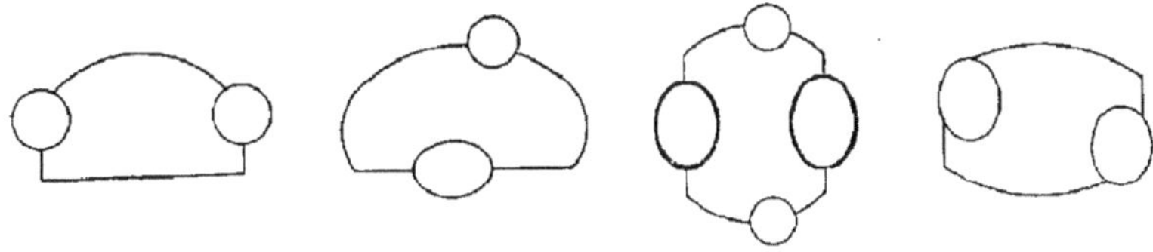

Fig. 25.

Soit avec des éléments composites, c'est-à-dire faits de courbes et de droites (*fig. 26*) :

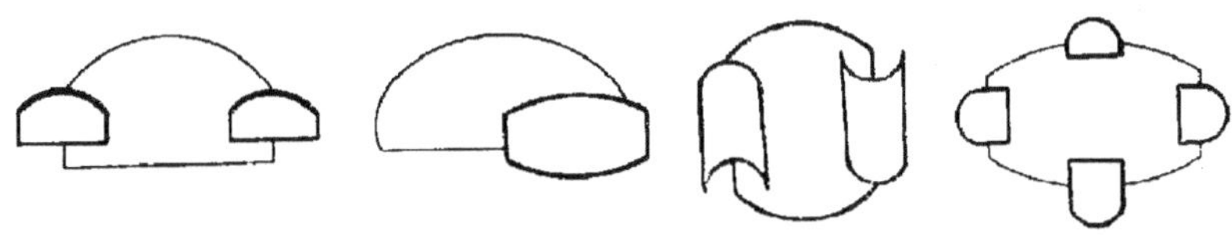

Fig. 26.

Nous avons pris avec intention, pour ces exemples, les mêmes formes, pour y ajouter des éléments divers, afin de bien faire sentir la différence entre l'emploi des uns et celui des autres.

Enfin, en appliquant les trois mêmes principes, voici des figures tronquées :

1° tronquées par des droites (*fig. 27*) ;

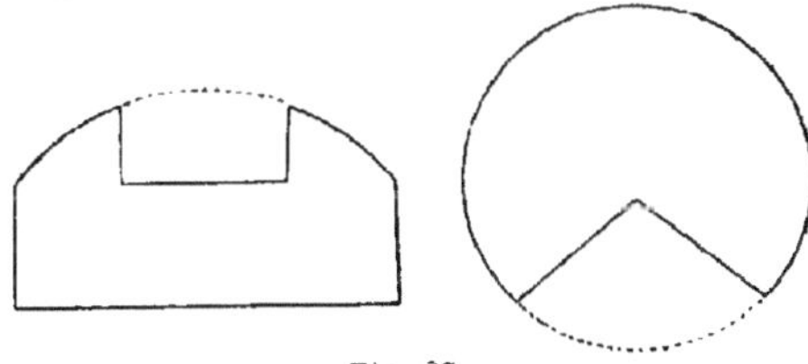

Fig. 27.

2° tronquées par des courbes (*fig. 28*) ;

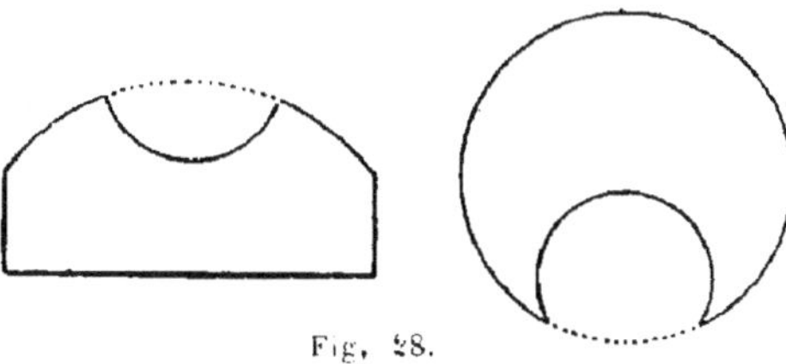

Fig. 28.

3° tronquées par courbes et droites (*fig.* 29).

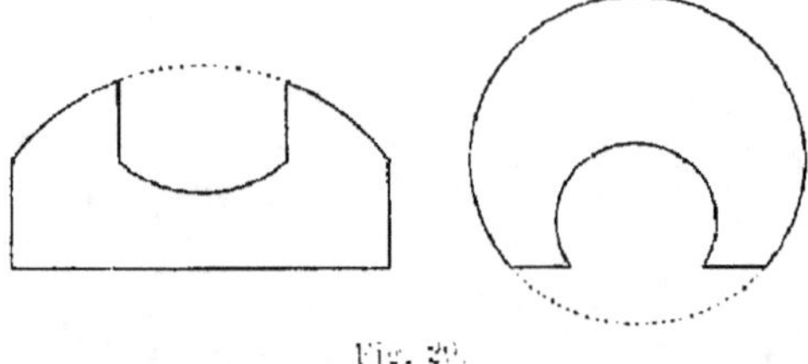

Fig. 29.

Nous avons agi ici comme pour les figures précédentes, en interrompant différemment les mêmes formes, pour qu'on juge bien de leur diversité suivant la partie retranchée.

Devoir. — Composer des figures faites de lignes courbes et de lignes droites, ouvertes et fermées, puis transformer ces mêmes figures : 1° en y ajoutant d'autres éléments faits de courbes et de droites; 2° en tronquant ces figures par des droites d'abord, par des courbes ensuite.

CHAPITRE IV

Division des surfaces.

Étant données des surfaces de formes quelconques, régulières ou irrégulières, il est important de pouvoir les diviser par des lignes intérieures droites ou courbes, ou par un mélange des deux.

Ces divisions pourront elles-mêmes être symétriques ou asymétriques, suivant l'effet qu'on cherche ou le but qu'on se propose.

Dans certains cas, en effet, elles ne serviront que de tracés indiquant la place d'ornements ou de formes; dans d'autres, elles constitueront à elles seules une ornementation.

La division des surfaces joue un très grand rôle en art décoratif et nécessite parfois des recherches très approfondies dans leurs applications industrielles, telles que la dentelle, certaines broderies et les vitraux.

Nous verrons cela par la suite.

Les divisions les plus simples sont obtenues par des horizontales et des verticales, puis par des obliques coupant la surface par carrés, triangles ou losanges (*fig.* 3o).

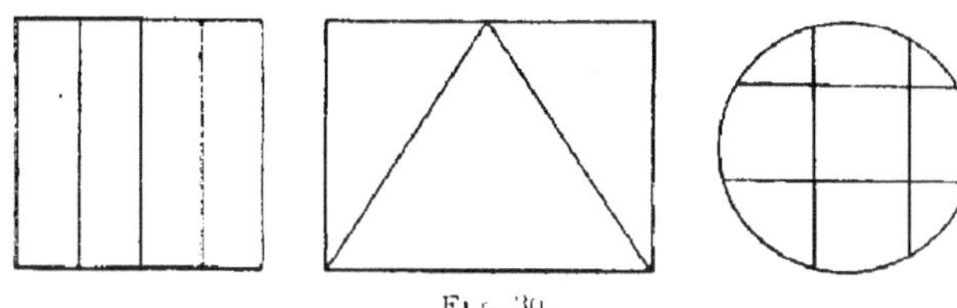

Fig. 30.

Ces divisions peuvent être plus ou moins nombreuses; à l'aide de ces mêmes lignes droites, de longueurs et de dispositions différentes, on varie les combinaisons (*fig.* 31).

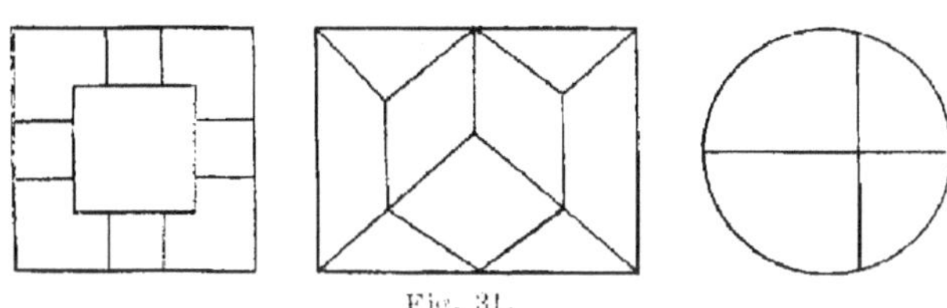

Fig. 31.

Par le moyen des courbes, on obtient d'autres aspects

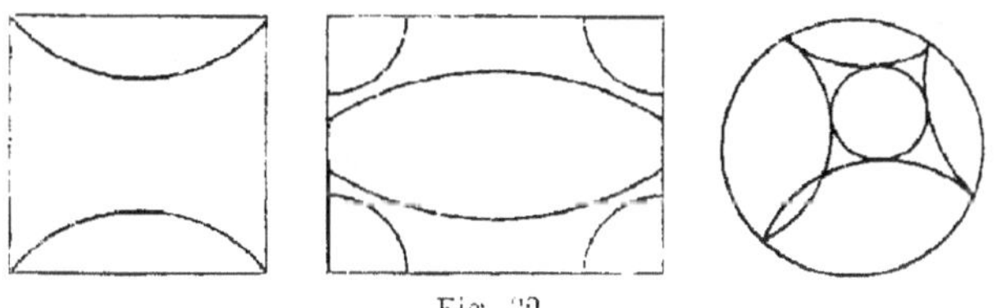

Fig. 32.

(*fig.* 32) qui deviendront plus variés encore par le mariage des courbes et des droites (*fig.* 33).

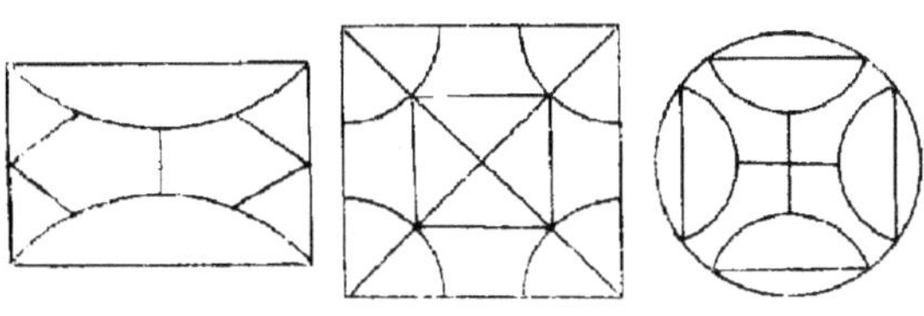

Fig. 33.

Nous avons, avec intention, donné des exemples de divisions différentes dans des formes analogues. Il n'y a pas de règles absolues pour ces divisions; leurs combinaisons peuvent varier à l'infini. Généralement on cherche à « contrarier » les formes, à les « opposer », c'est-à-dire à choisir des droites pour diviser des surfaces arrondies et des courbes pour diviser des surfaces rectangulaires, mais le contraire peut être très harmonieux aussi.

Nous donnerons ici, comme exemple, le rond divisé en étoile et que tous les collégiens connaissent (*fig.* 34): c'est généralement la première figure qu'ils essaient de tracer au compas.

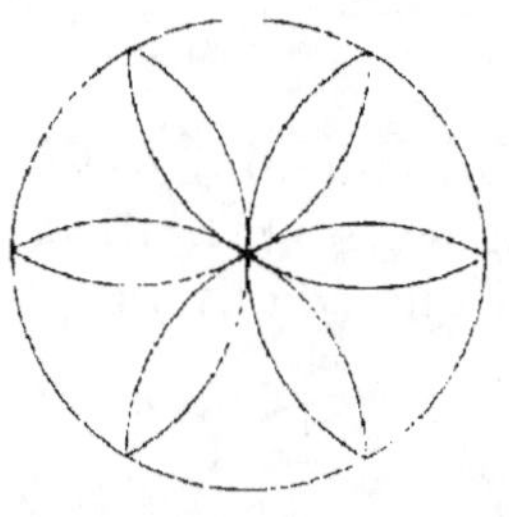

Fig. 34.

Cette figure, en gardant les divisions tracées, changera d'aspect si l'on modifie le contour qui les renferme, c'est-à-dire si, en prenant la circonférence comme tracé, on la remplace par une autre forme: c'est toujours le principe de ce que nous avons dit aux précédents chapitres (*fig.* 35, A, B, C) :

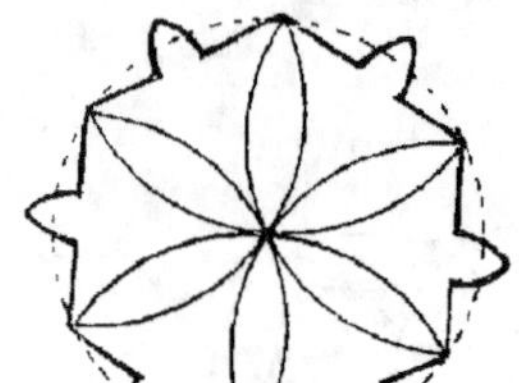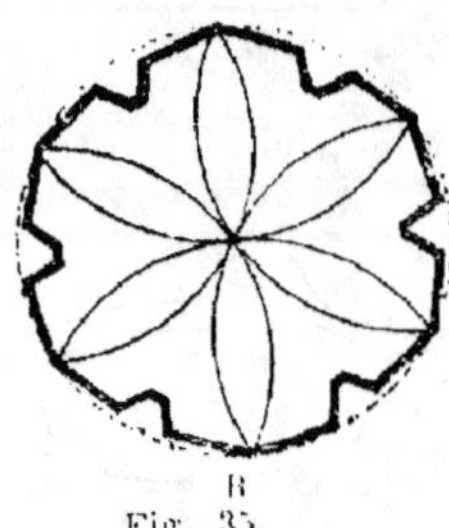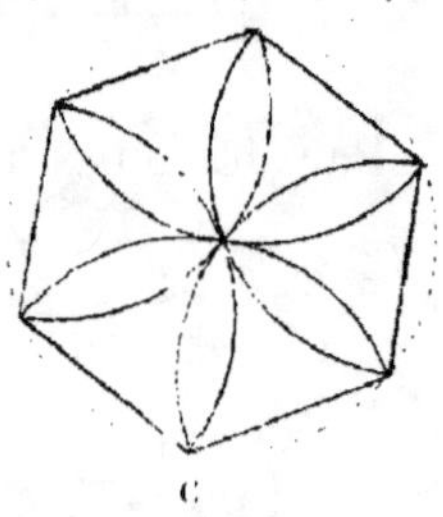

A   B   C
Fig. 35.

On obtient d'autres combinaisons, si, au lieu de modifier la forme du contour, on modifie la forme des divisions (*fig.* 35, D).

En modifiant maintenant et le contour et les divisions, vous trouverez d'autres motifs encore.

Nous avons dit au début que les divisions, dans certains cas, « servent de tracés indiquant la place d'ornements ou de formes ».

Fig. 35, D.

C'est ici le cas. L'étoile formée régulièrement dans l'intérieur de la circonférence, grâce au compas, est devenue, dans les exemples 35 D et 35 E, un tracé destiné à indiquer les emplacements réguliers pour d'autres formes ; de même que, dans les figures précédentes (*fig.* 35, A, B, C), la circonférence n'a servi que de guide pour la recherche d'autres contours.

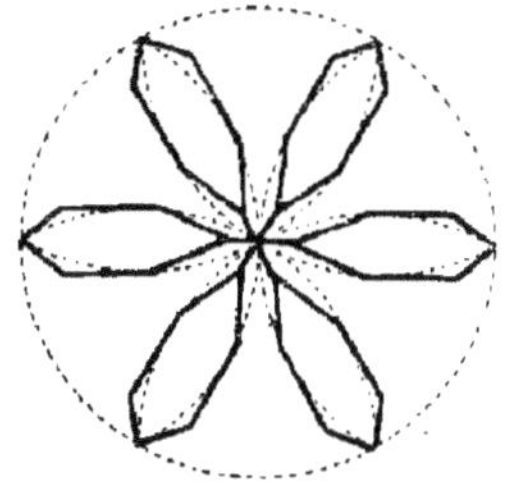

Fig. 35, E.

Tout ce qui précède a trait à des divisions symétriques.

En coupant des surfaces par des droites de différentes longueurs et à intervalles inégaux, on obtient tout naturellement des divisions asymétriques (*fig.* 36), qui déjà donnent,

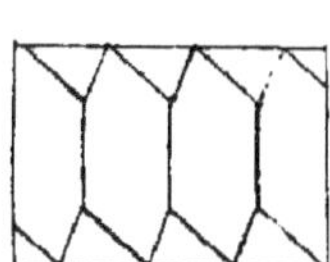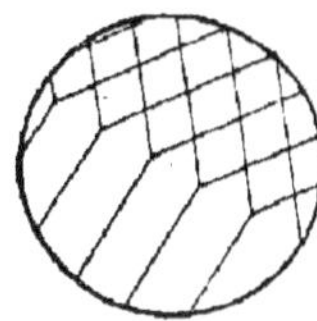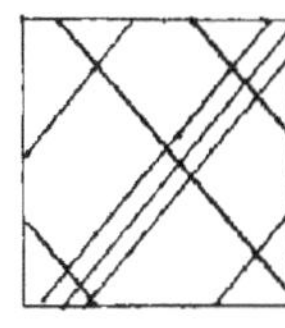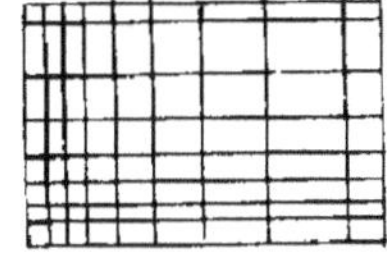

Fig. 36.

à ces surfaces, un aspect décoratif. Ce moyen a du reste été beaucoup employé pour certaines étoffes, les étoffes écossaises, par exemple, constituées par un assemblage de lignes à intervalles irréguliers se croisant en carrés ou en losanges.

On agira de même pour les courbes régulières ou irrégulières et pour le mélange des courbes et des droites ; c'est à l'infini que, grâce à elles, on pourra trouver des combinaisons dissemblables (*fig.* 37) :

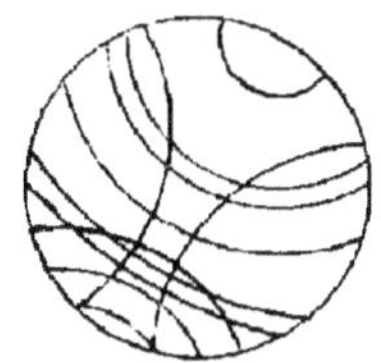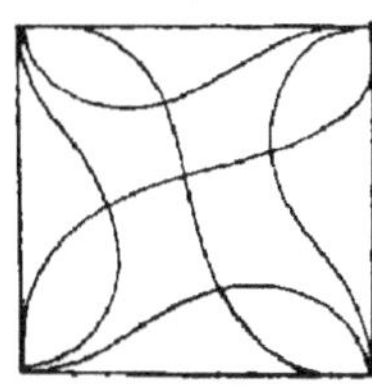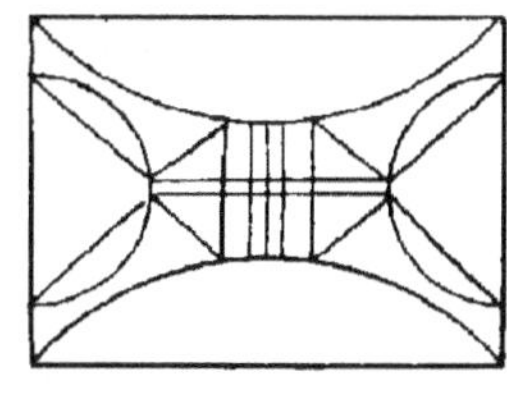

Fig. 37.

Il est bien entendu que toute surface régulière ou irrégulière peut se subdiviser régulièrement ou irrégulièrement et d'après les mêmes principes que ceux que nous venons d'indiquer.

Nous dirons seulement qu'il faut tâcher de profiter des caprices d'un contour pour agencer les divisions d'une façon ingénieuse *fig. 38* :

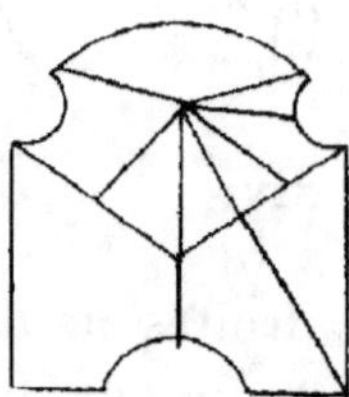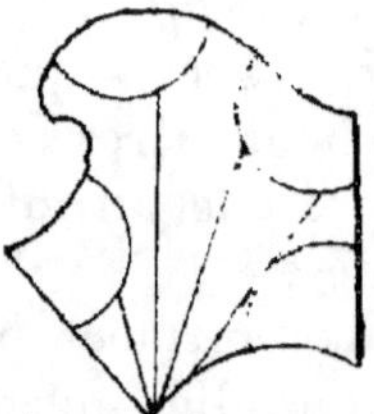

Fig. 38.

1er Devoir. — Chercher des formes *régulières* faites de lignes droites, de courbes et de la combinaison des deux, puis diviser ces figures aussi diversement que possible, mais *symétriquement*, à l'aide : 1° de lignes droites; 2° de lignes courbes; 3° du mélange des droites et des courbes.

2e Devoir. — Prendre d'abord des surfaces aux contours *symétriques* et les diviser *irrégulièrement* par des droites, des courbes, puis par les deux réunies. Trouver ensuite des surfaces aux contours *irréguliers* et les diviser en suivant les mêmes règles : droites, courbes, réunion des deux.

CHAPITRE V

Ornementation de surfaces par les lignes et les points.

Nous allons passer maintenant à d'autres applications des lignes et des points.

En répétant à intervalles plus ou moins rapprochés les unes ou les autres, nous arriverons à garnir intérieurement des surfaces. Ce sera là déjà, non seulement un commencement d'ornementation, mais encore une indication de *tons* ou de *valeurs* pour nous servir des termes consacrés.

Nous dirons, dans le prochain chapitre, ce que l'on entend par ces deux mots.

Prenons d'abord des droites et agençons-les en les répétant à intervalles égaux; nous obtenons divers effets (*fig.* 39) :

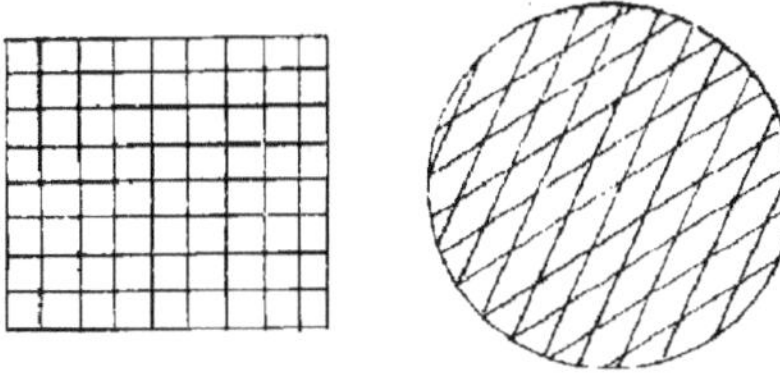

Fig. 39.

Ajoutons-y des points, soit dans chaque intervalle laissé par les croisements des lignes, soit en laissant en blanc deux ou trois de ces intervalles (*fig.* 40) :

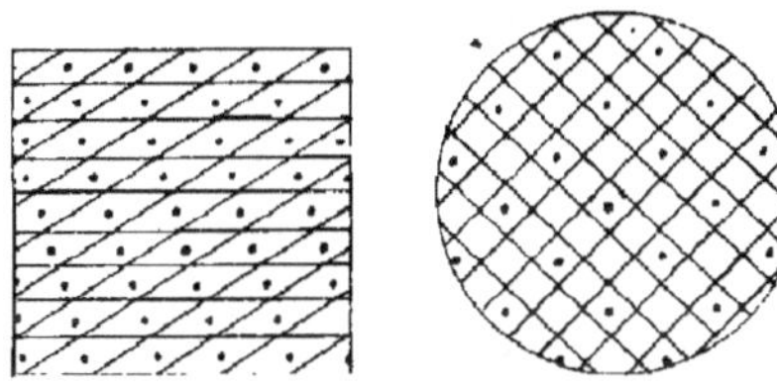

Fig. 40.

En produisant des espaces irréguliers entre les lignes, l'effet change (*fig.* 41). Là encore, vous pouvez adjoindre des points, un ou plusieurs, dans chaque intervalle, ou laisser en blanc certains de ceux-ci (*fig.* 42) :

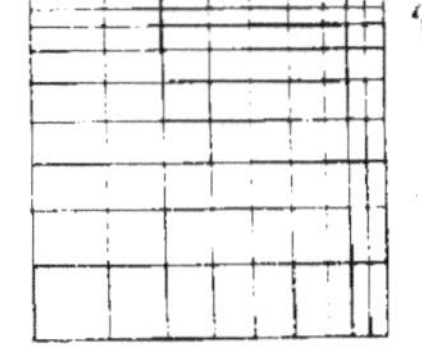

Fig. 41.

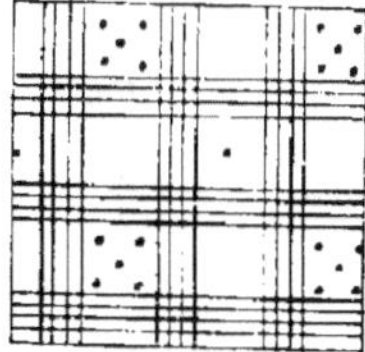
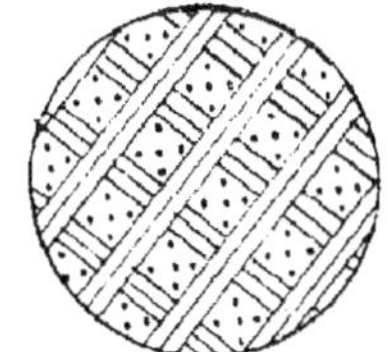
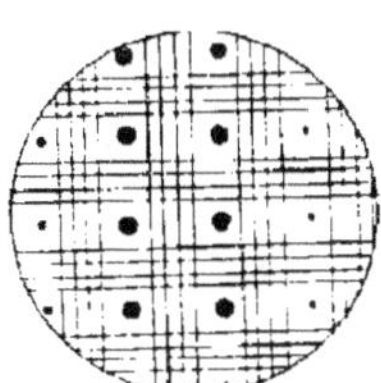

Fig. 42.

Les mêmes principes existent pour les courbes seules, les points seuls ou le mariage des unes et des autres (*fig.* 43) :

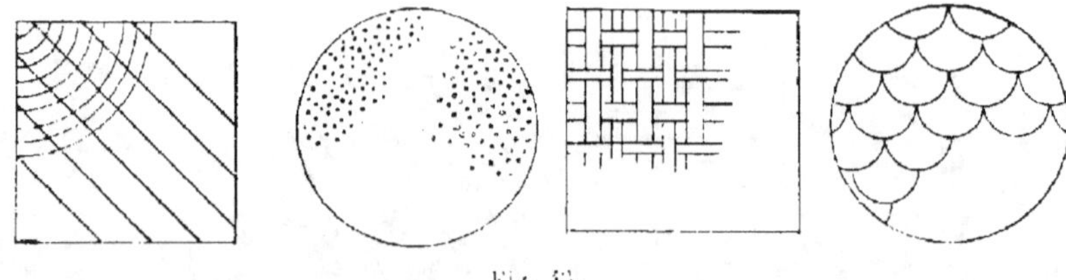

Fig. 43.

Pour varier encore, vous pourrez faire vos lignes ou vos points de grosseurs différentes; cela vous donnera d'autres effets encore. Dans les subdivisions, des lignes fortes (redoublées) peuvent s'employer aussi, soit pour enrichir, soit pour simuler des épaisseurs (*fig.* 44). Toutes ces variétés de « rem-

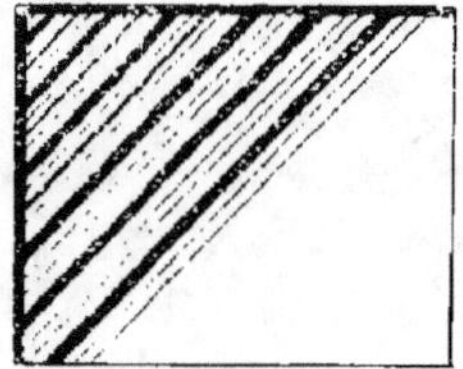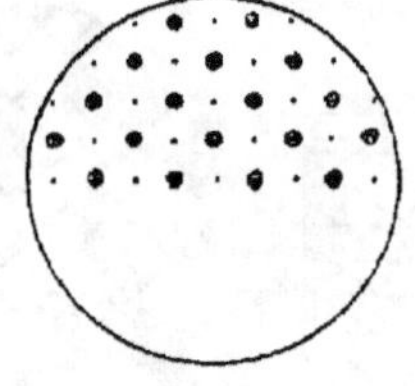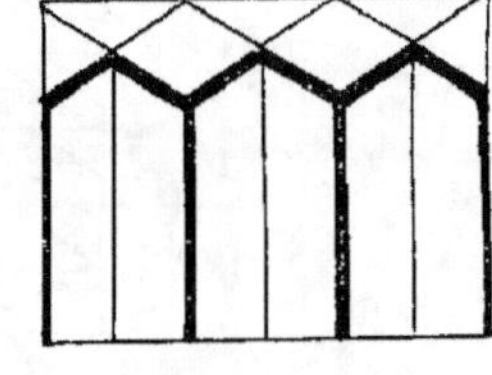

Fig. 44.

plissages » s'appellent *jeux de fonds*. Nous en reparlerons par la suite dans la seconde partie de ce traité.

Nous avons donné ces divers exemples dans des formes uniques, le contour extérieur important peu pour faire comprendre nos explications.

Ajoutons, à présent, que, dans des formes subdivisées, on peut varier les combinaisons des lignes et des points dans toutes ou dans certaines des subdivisions qui peuvent être régulières (*fig.* 45) ou irrégulières (*fig.* 46).

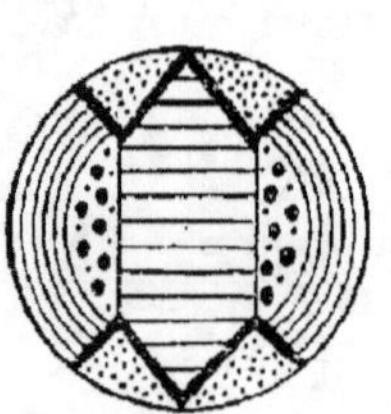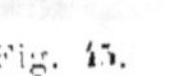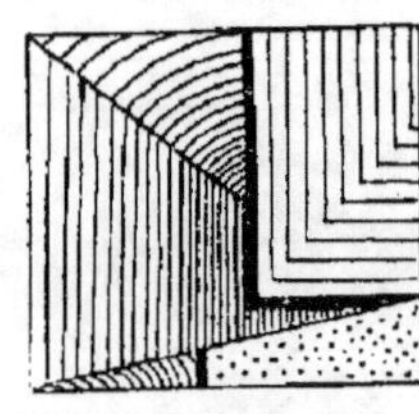

Fig. 45.　　　　Fig. 46.

Les mêmes applications sont possibles avec les courbes, les droites et les points mélangés.

Dans tout ce que nous venons de dire, il ne s'agit que de lignes symétriques, droites ou courbes, parallèles entre elles.

Pour varier l'ornementation, commençons à nous servir de lignes *asymétriques*, c'est-à-dire irrégulières, par rapport les unes aux autres, non parallèles par conséquent. Ceci tout aussi bien pour les courbes que pour les droites (*fig.* 47, A,

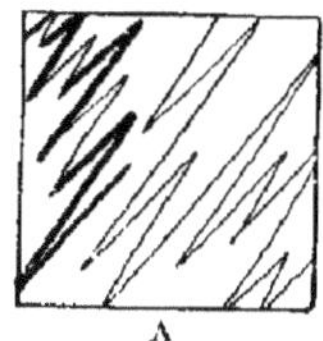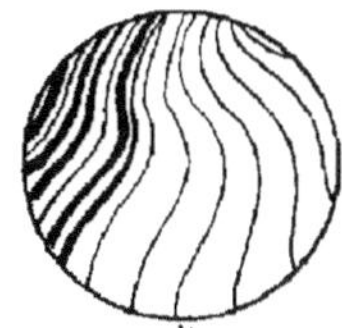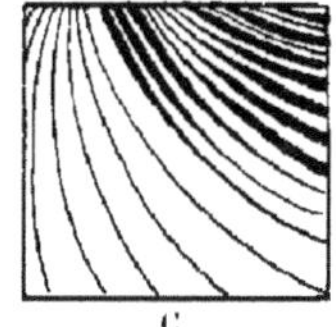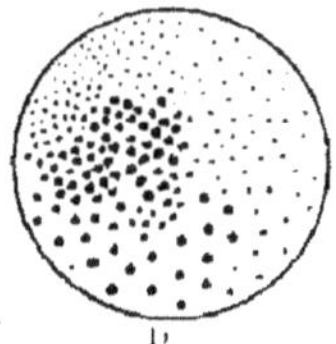

Fig. 47.

B, C); le point lui-même pourra se disposer de façon irrégulière (*fig.* 47, D). Ces lignes asymétriques pourront aussi bien être d'égale épaisseur que d'épaisseurs variées; de même, les points pourront être plus ou moins gros (*fig.* 47, D) et plus ou moins rapprochés.

On peut encore mélanger les symétriques et les asymétriques, courbes, droites, etc. (*fig.* 48) :

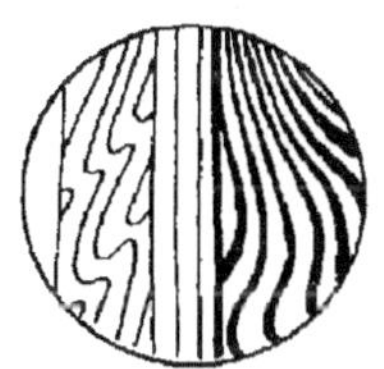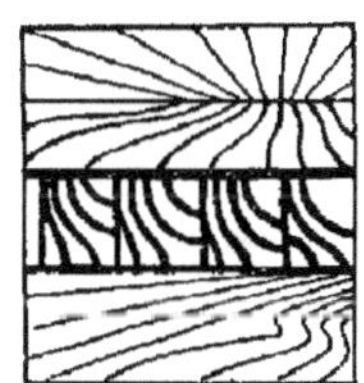

Fig. 48.

Par lignes symétriques, j'entends celles qui peuvent se tracer au compas; par asymétriques, les autres, qu'en décoration on dénomme courbes *harmoniques*.

Nous avons parlé plus haut des courbes *harmoniques;* il est nécessaire d'expliquer ce qu'on entend exactement par cette dénomination : les courbes harmoniques sont celles qui se combinent de telle sorte que, malgré toute la fantaisie de direction et de tournure qu'on leur donne, elles passent à inter-

valles réguliers en un ou plusieurs points de leur parcours
fig. 49. *a. b. c*.

On obtient avec ces lignes des ornementations d'un aspect
tout particulier. On en a du reste beaucoup exagéré l'emploi
dans ce qu'on a appelé : « *modern style* ». souvent fort dis-
gracieux à voir.

Quoi qu'il en soit. la connaissance de la courbe harmonique
est indispensable; judicieusement employée. elle peut donner

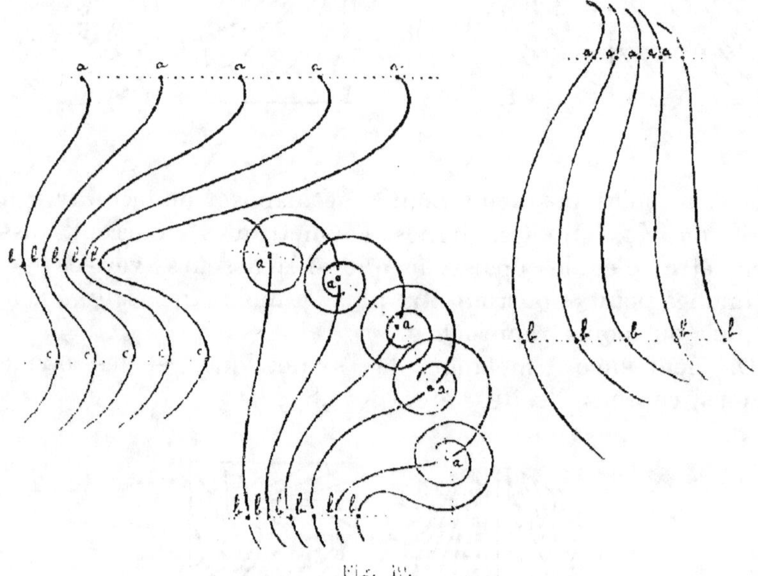

Fig. 49.

des ornementations originales très intéressantes *fig.* 49 :
pourtant il n'en faut pas abuser.

1ᵉʳ **Devoir.** — 1° L'élève devra. avec les diverses lignes combinées et les
points. garnir des surfaces données en trouvant des agencements variés.
2° Il se servira ensuite des mêmes surfaces qu'il subdivisera d'abord, puis il
garnira les subdivisions avec des lignes et des points combinés de différentes
façons. en s'efforçant de garder un effet agréable à l'œil.

On se servira d'abord de lignes symétriques seulement. puis de lignes
asymétriques. ensuite de la combinaison des deux.

2ᵉ **Devoir.** — Chercher des agencements de courbes harmoniques.

CHAPITRE VI

Lignes tremblées, zigzags, etc.

Il est d'autres variétés de lignes qui sont fort employées en décoration; ces lignes ne sont que des dérivés des droites et des courbes (*fig.* 50). Nous voulons parler des lignes *trem-blées* (a), des lignes en zigzags (*b*), des lignes ondulées ou en *festons* (*c*). Les unes et les autres pourront se déployer soit sur des courbes, soit sur des droites.

Ces lignes *volontaire-ment* tremblées enlèvent, dans certains cas, la séche-resse qu'auraient des li-gnes rigides, faites à la règle.

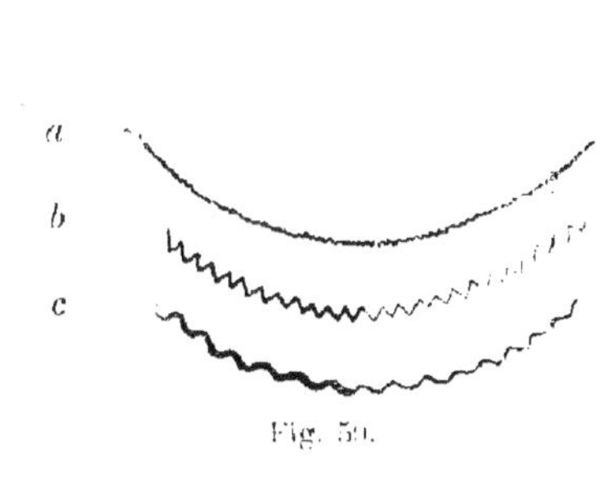

Fig. 50.

Les lignes en *zigzags*, qu'on nomme *lignes brisées*, ne sont formées que d'un assemblage d'obliques juxtaposées les unes aux autres, soit en ligne droite, soit en ligne courbe.

Les lignes *ondulées* ou en *festons* sont aux courbes ce que les zigzags sont aux droites.

Les unes et les autres peuvent servir soit de contours pour une forme (*fig.* 51) :

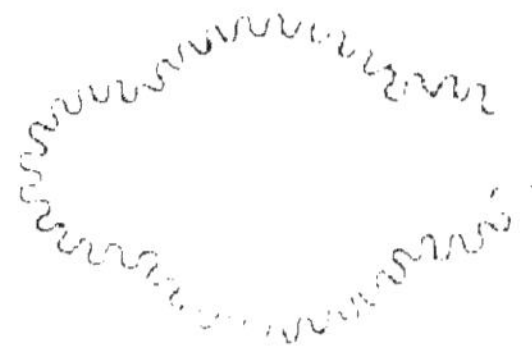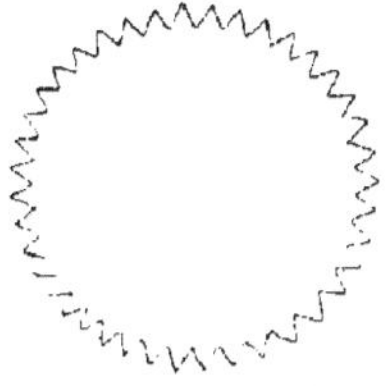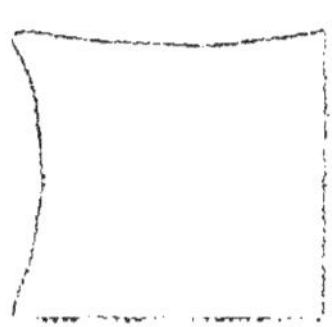

Fig. 51.

soit, en les répétant à intervalles rapprochés, d'ornement intérieur de formes données (*fig.* 52). Nous trouvons ici les
mêmes principes que ceux dont nous avons parlé plus haut
pour les droites, les courbes et les points.

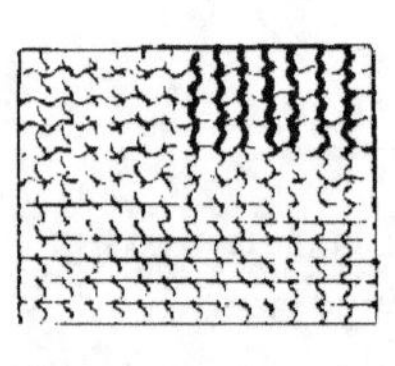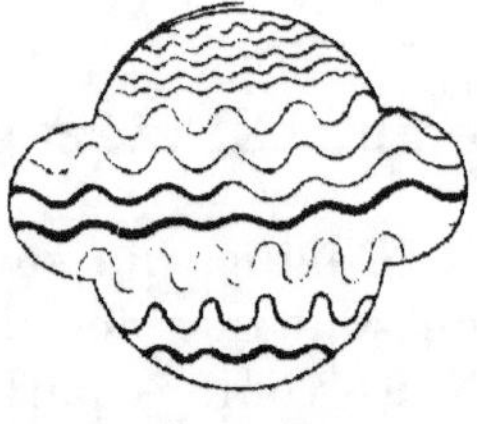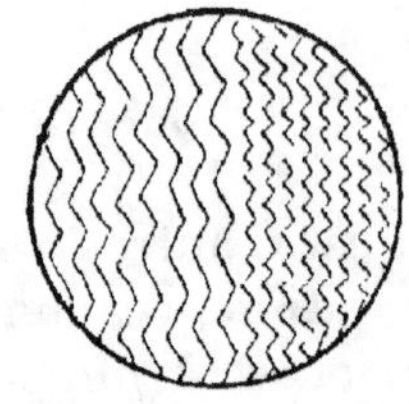

Fig. 52.

On peut de même les croiser entre elles (*fig.* 53) pour
obtenir soit un ton plus corsé, soit un autre effet ;

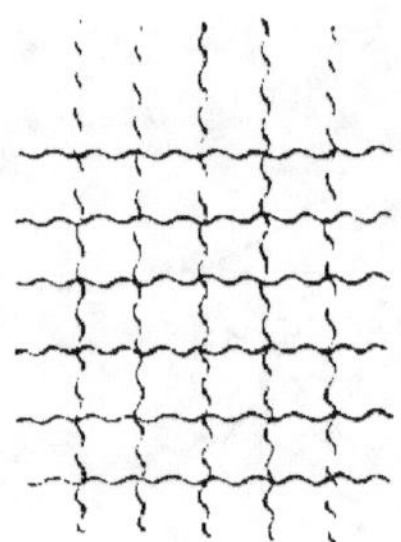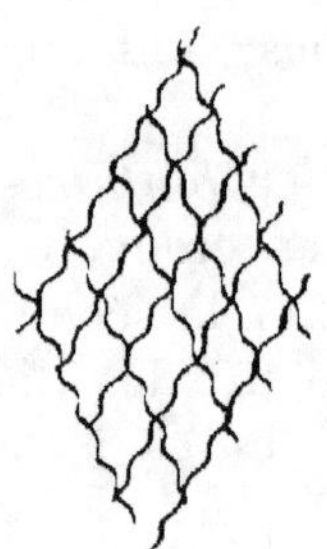

Fig. 53.

ou les combiner avec les droites et les courbes (*fig.* 54).

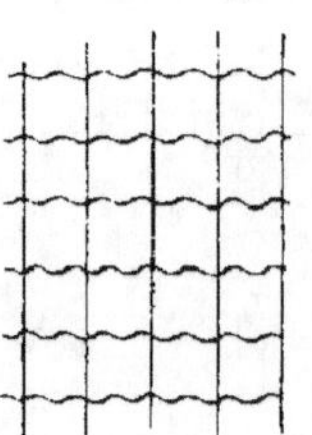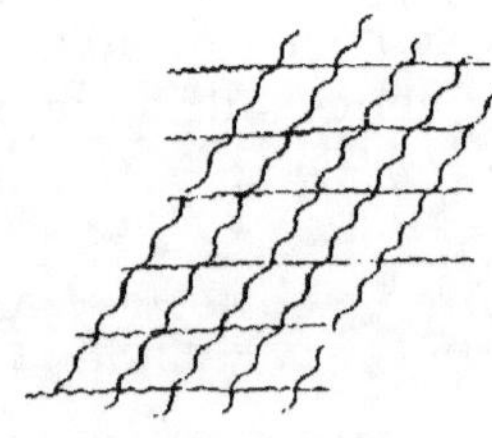

Fig. 54.

Les *lignes brisées* peuvent varier à l'infini et former à elles

seules des ornements, principe très appliqué dans les dentelles
et les broderies (*fig.* 55) :

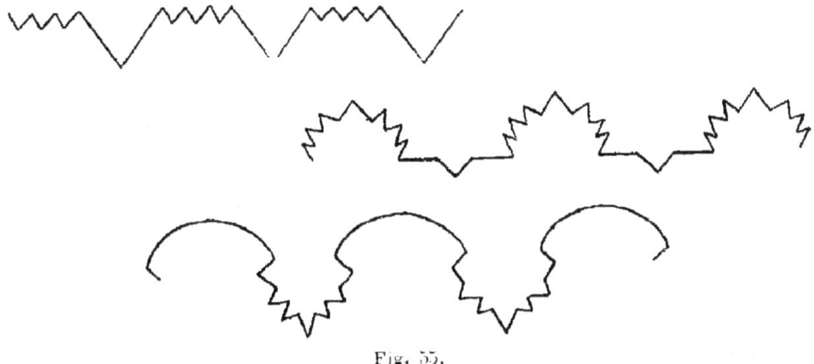

Fig. 55.

En parlant des lignes *tremblées*, en *zigzags*, *ondulées*,
nous avons montré que celles-ci suivaient aussi bien la ligne
droite que la courbe.

Elles peuvent donc tout aussi bien se développer sur celles-ci
placées *irrégulièrement*, c'est-à-dire sans parallèles (*fig.* 56) :

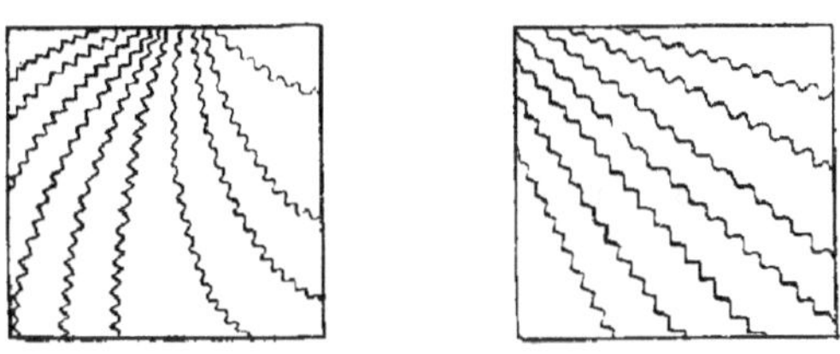

Fig. 56.

Elles peuvent elles-mêmes devenir irrégulières, par conséquent être plus ou moins étroites sur leurs parcours (*fig.* 57) ;

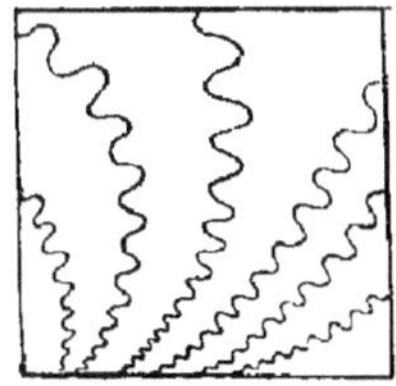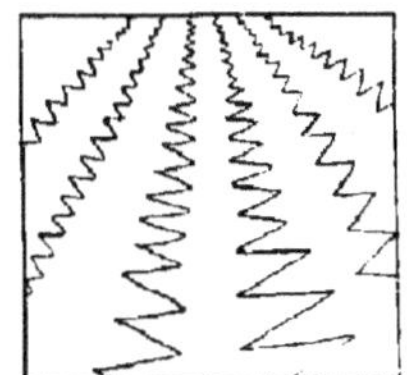

Fig. 57.

leurs sinuosités, zigzags ou festons pourront aussi s'accentuer plus ou moins (*fig.* 58).

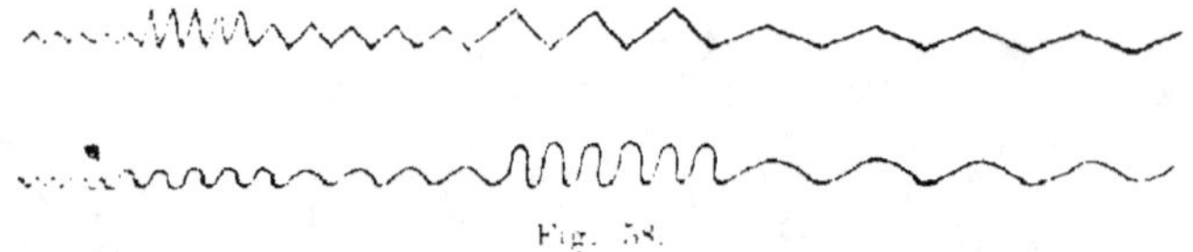

Fig. 58.

1er Devoir. — L'élève aura à trouver :

1° des formes dont les contours seront indiqués par lignes *tremblées*, en *zigzags*, *ondulées*;

2° des motifs faits de lignes brisées.

3° Il subdivisera ces formes et les meublera intérieurement par des combinaisons variées formées avec les diverses sortes de lignes.

2 Devoir. — 1 Orner des surfaces au moyen de lignes tremblées, de zigzags, de festons placés *asymétriquement*.

2 Orner ces surfaces avec des lignes à sinuosités irrégulières, tremblées en zigzags et en festons, en les plaçant elles-mêmes irrégulièrement.

Se baser sur les principes de ce chapitre et du chapitre précédent.

CHAPITRE VII

Des tons et des valeurs.

Vous savez tous, lorsqu'il s'agit de couleurs, ce qu'on appelle *un ton*; c'est en somme la désignation d'une qualité de la couleur.

Maintes fois vous avez entendu dire, ou vous avez dit vous-même en considérant telle fleur, telle étoffe : « Cette fleur est d'un beau ton jaune, cette étoffe verte n'est pas d'un joli ton; ceci est d'un ton vif, cela d'un ton éteint... »

Nous n'aurons pas à nous occuper de la couleur dans ce petit traité; si nous venons d'en dire deux mots, c'est parce qu'il est utile de bien comprendre la signification exacte du mot *ton*.

Or, le *ton* existe aussi dans le dessin, il est plus ou moins clair, plus ou moins foncé, et l'on dit alors qu'il est d'une *valeur* claire ou d'une *valeur* foncée.

Entre le *blanc le plus pur* (*fig.* 59, A) et le *noir le plus sombre* (*fig.* 59, D), toutes les valeurs existent avec une intensité différente. Considérons le blanc pur comme la valeur zéro, puis le gris le plus léger comme la valeur n° 1 (*fig.* 59, B),

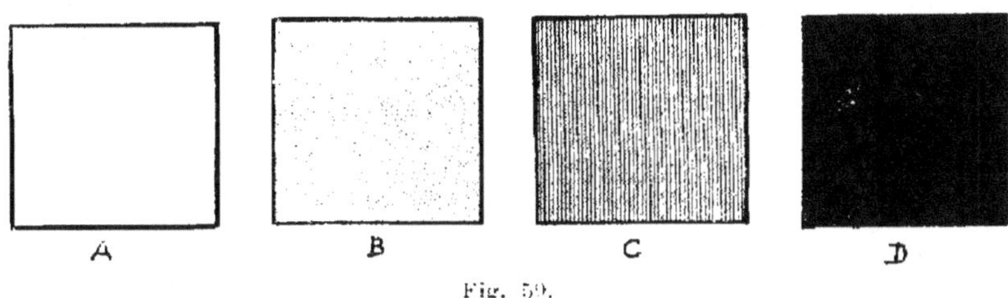

Fig. 59.

ensuite le gris plus marqué comme valeur n° 2 (*fig.* 59, C), et nous arriverons ainsi graduellement au noir; autrement dit : le plus léger sera la valeur la plus claire; le plus intense sera la valeur la plus foncée.

Or, les valeurs jouent un rôle de tout premier ordre dans tout ce qui est dessin et peinture, par conséquent en art décoratif.

Bien faire jouer les valeurs les unes par les autres, cela est une des choses les plus importantes; c'est par les valeurs qu'on arrive aux différents effets, par elles qu'on obtient les modelés.

Il va de soi que les valeurs existent et sont à observer, non seulement pour les noirs, mais pour *toutes les couleurs*.

Le jeu des valeurs relatives d'une couleur à une autre demanderait de trop longues explications; elles constituent une des grandes (peut-être la plus grande) des difficultés picturales.

Par la façon de se servir des lignes, on peut, nous l'avons dit, obtenir des valeurs différentes en partant des plus claires pour arriver aux plus foncées, soit en resserrant plus ou moins ces lignes, soit en les faisant plus ou moins fines, soit en les croisant plus ou moins.

Voici une valeur claire (*fig.* 60, A) :

Voici une valeur plus foncée par des lignes de même force, mais plus rapprochées (*fig.* 60, B) :

Prenons des traits plus épais, les valeurs augmentent (*fig*. 60. C. et 60. D) :

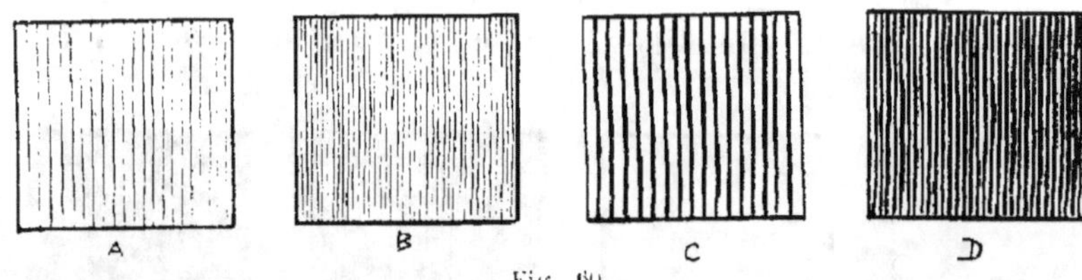

Fig. 60.

Croisons maintenant, dans un sens d'abord (*fig*. 61, A, et 61, B) :

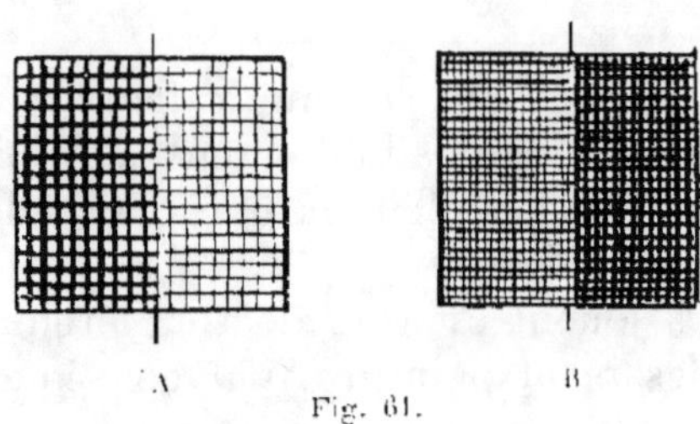

Fig. 61.

Ajoutons un croisé oblique (*fig*. 62) :

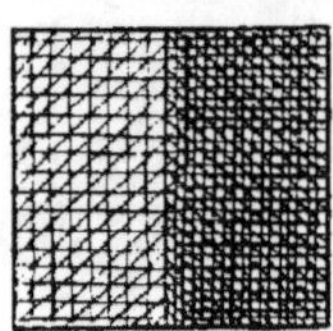

Fig. 62.

puis un autre (*fig*. 63) :

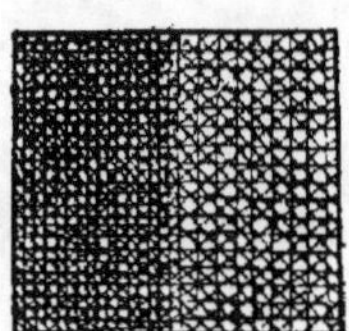

Fig. 63.

et toujours nos valeurs vont en s'accentuant.

Tous ces exemples comportent des valeurs uniques, c'est-
à-dire pareilles sur toute leur surface.

Si vous voulez une partie plus foncée ou des tons allant en
diminuant d'intensité, vous emploierez diverses forces de
lignes, divers écartements, ce qui vous donnera ce qu'on appelle des valeurs graduées.

C'est ainsi qu'on procède, par exemple, pour donner l'illusion d'une surface qui tourne (*fig.* 64) :

Fig. 64.

En croisant différemment les traits et en variant leur force
on produit des effets différents (*fig.* 65) :

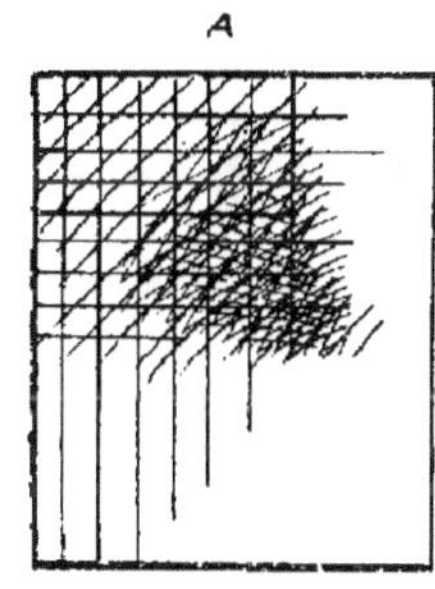
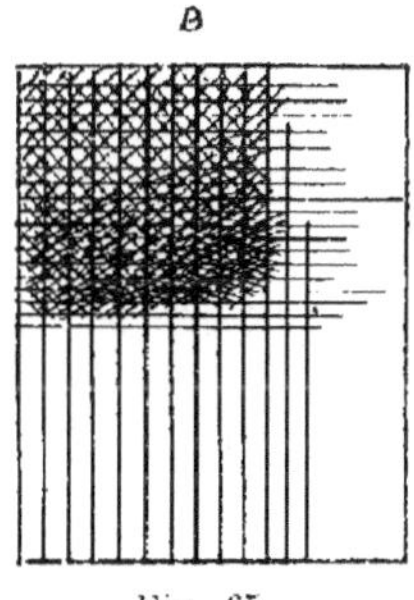
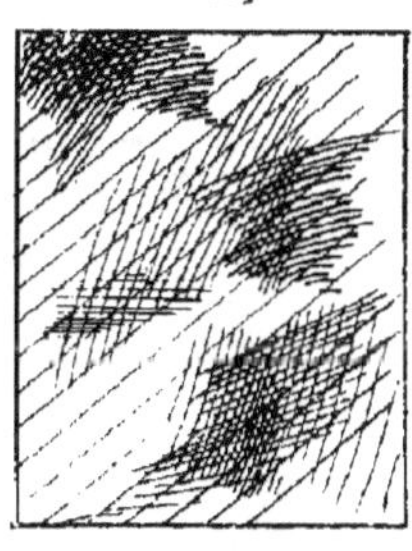

Fig. 65.

Tout ce que nous venons de dire par rapport à l'obtention
des valeurs au moyen des lignes ne se rattache pas *exclusi-
vement* à l'art décoratif; cela touche autant au dessin à la
plume et à la gravure, mais il était utile que nous en parlions,
d'abord pour bien faire saisir les gradations de *valeurs*, qui
jouent leur rôle en art décoratif, ensuite parce que l'art décoratif englobe maints procédés, parmi lesquels le dessin à la
plume.

Du reste, la façon de combiner les traits resterait la même au crayon, et n'est en somme que la façon de faire ce qu'on appelle les *hachures*, c'est-à-dire des traits se croisant en divers sens pour obtenir des tons différents unis ou gradués (*fig.* 65).

Lorsque le dessin comporte du *lavis*, il va de soi que les valeurs s'indiquent par à-plats clairs ou foncés, et que les *gradués* — (que par hachures on arrive à indiquer par le plus ou moins de rapprochement et d'épaisseur des traits) — s'obtiennent en chargeant le pinceau de plus ou moins de couleur.

1ᵉ **Devoir**. — Indiquer au moyen de lignes plus ou moins croisées, courbes, droites, obliques, des *valeurs* différentes dans des surfaces diverses et des valeurs différentes dans une même surface.

2ᵉ **Devoir**. — Prendre des surfaces diverses et les subdiviser, puis ornementer ces subdivisions par des points et des lignes combinées de façons différentes pour obtenir des différences de valeurs qui ne se nuisent pas entre elles.

CHAPITRE VIII

La feuille.

Maintenant que nous connaissons l'emploi des droites et des courbes, nous allons en faire des applications d'après nature en procédant toujours graduellement.

Nous commencerons par dessiner des feuilles, que nous choisirons d'abord de formes simples :

Ovales, comme la feuille détachée de l'acacia (*fig.* 66, *a*) ;
Triangulaires, comme la feuille de sagittaire (*fig.* 66, *b*) ;
Formées de plusieurs triangles, comme le lierre (*fig.* 66, *c*) ;
Lancéolées, comme la feuille de laurier, etc. (*fig.* 66, *d*).

Posons ces feuilles devant nous et dessinons-les au trait aussi consciencieusement que possible et telles que nous les donne la nature, c'est-à-dire avec leurs irrégularités et leurs accidents ; de face d'abord, puis dans d'autres positions, et sans rien changer de leur aspect naturel (*fig.* 66, *a*, *b*, *c*, *d*).

Ces différents croquis nous serviront de premiers documents, que nous transformerons décorativement.

Avant de faire cette transformation, nous allons expliquer
en quoi elle consiste et dire les règles générales dont il ne faut
pas se départir.

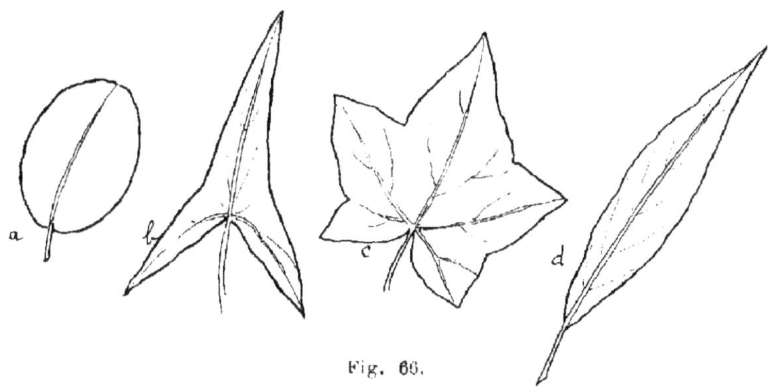

Fig. 66.

Il faut avant tout garder et même accentuer le *caractère*
du sujet qu'on modifie.

Le caractère réside dans les particularités que présente
ce sujet.

Les feuilles que nous venons de dessiner ont chacune leur
caractère spécial; il va de soi que nous ne nous occupons ici
que des *formes* et que nous ne considérons tous les éléments
qui nous serviront qu'à ce point de vue seulement.

Donc la feuille du lierre est formée de triangles; c'est là
sa caractéristique. L'acacia s'accuse par son contour ovale et
le laurier par sa silhouette rappelant celle d'un fer de lance.

Accuser le caractère d'un sujet, c'est exagérer plutôt qu'atténuer ses formes.

Lorsque le sujet que vous voulez rendre est pointu, exa-
gérez la pointe. S'il est arrondi, arrondissez-le plutôt davantage.

Accentuez donc les formes triangulaires de votre lierre et
de votre sagittaire; que votre acacia marque bien son ovale et
votre laurier sa forme pointue.

Tout ceci s'applique, bien entendu, aux choses qu'on veut
interpréter en les modifiant, mais auxquelles on désire laisser,
malgré tout, leur personnalité.

Si un élément ne doit servir qu'à inspirer un ornement,

un agencement, une forme sans qu'on soit forcé d'y reconnaître l'original, il est permis de se livrer à toutes les fantaisies, à la condition qu'elles soient harmonieuses, et l'on peut même, dans ce cas, s'inspirer de motifs divers et les agencer capricieusement les uns avec les autres.

Je m'explique :

Si vous avez à traiter décorativement un sujet qui comporte du lierre, il faut, quelque transformation que vous fassiez subir à celui-ci, qu'on reconnaisse le lierre, que sa forme, ses attaches, son allure subsistent.

Mais, si vous cherchez un agencement de sujet *quelconque*, vous pouvez très bien vous inspirer de ce même lierre et le modifier à votre gré sans plus vous inquiéter de ses caractères spéciaux.

Dans le premier cas, le lierre est le sujet à traiter; dans le second cas, il n'est plus que l'inspirateur d'un sujet de fantaisie.

Lorsqu'on se sert d'éléments pris sur nature pour en composer des motifs décoratifs, il faut non seulement s'inspirer des formes, mais encore de tous les détails, de toutes les particularités qu'offrent ces éléments.

Les nervures d'une feuille, les taches, les côtes, se disposant de façons diverses, sont des renseignements précieux, des prétextes à combinaisons variées.

En somme, il faut profiter de tout ce qui présente quelque disposition intéressante, quelque originalité.

Je me souviens d'avoir trouvé de ravissants motifs tout à fait inattendus dans une branche de feuillage qui avait été déchiquetée dans tous les sens par une colonie de chenilles. Or, celles-ci vont et viennent suivant leurs caprices, font des percées par ci, des encoches par là, mais ont soin de laisser les nervures et les pétioles, trop coriaces pour elles. Elles transforment ainsi les feuilles en écumoires aux trous capricieux: c'est évidemment un désastre pour l'amateur de jardins, mais un plaisir pour l'amateur d'ornements, car, ainsi transformées, les feuilles deviennent de véritables dentelles où maintes formes sont à puiser.

Lorsque vous vous servez de la fleur, prenez-en non seulement les contours, non seulement les stries, les pointillés, qui en agrémentent les pétales, mais cherchez les formes des étamines, des pistils, faites des coupes et vous trouverez encore de nouveaux sujets à interpréter.

Bref, rien n'est à négliger dans la nature où toujours, si on sait regarder, on trouvera des documents sans nombre.

Nous avons cru devoir, dès le début, faire cette petite dissertation, nous n'y reviendrons plus et nous retournons maintenant aux quelques feuillages que nous avons dessinés tout à l'heure et que nous allons transformer décorativement (*fig.* 67, a, *b*, c, *d*) :

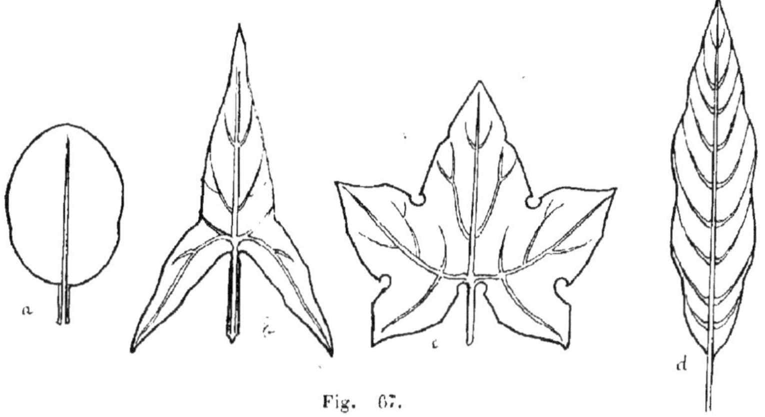

Fig. 67.

Nous les avons pris de face; il faut maintenant les dessiner dans d'autres positions (*fig.* 68, a, *b*, c, d) :

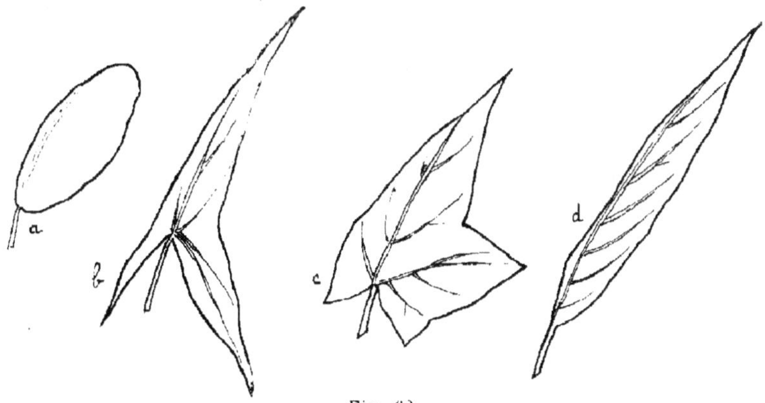

Fig. 68.

Ceci fait, nous procéderons de même pour rendre ces feuilles ornementales (*fig.* 69).

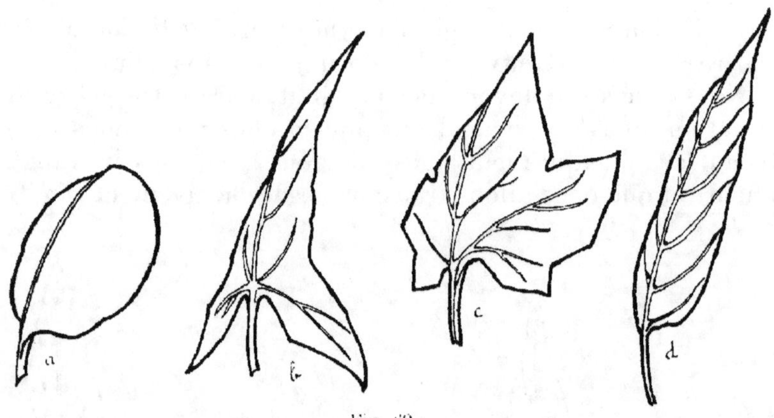

Fig. 69.

Après ces feuillages simples, choisissons-en de plus compliqués à dessiner de face et en positions variées; dentelés en scie, comme le rosier; à dentelures arrondies, comme le lierre terrestre; contournés, découpés et dentelés, comme la vigne; à piquants, comme le chardon (*fig.* 70, *a*, *b*, *c*).

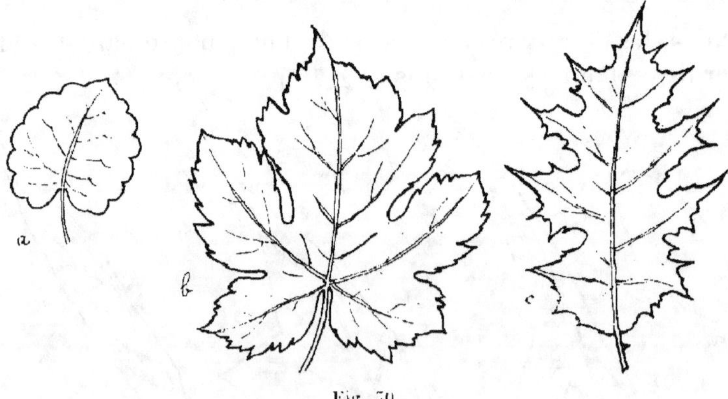

Fig. 70.

Prenons ensuite des feuilles asymétriques, comme le bégonia, etc. (*fig.* 71).

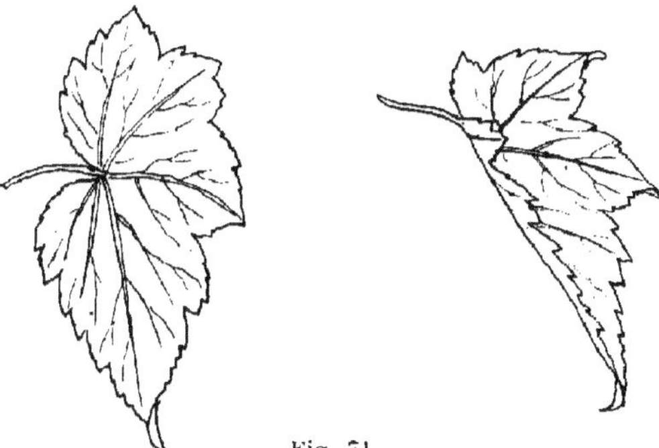

Fig. 71.

De tous ces éléments nouveaux, nous nous servirons comme des éléments précédents, c'est-à-dire que nous les transformerons en motifs décoratifs (*fig.* 72, *a*, *b*, *c*, et *fig.* 73).

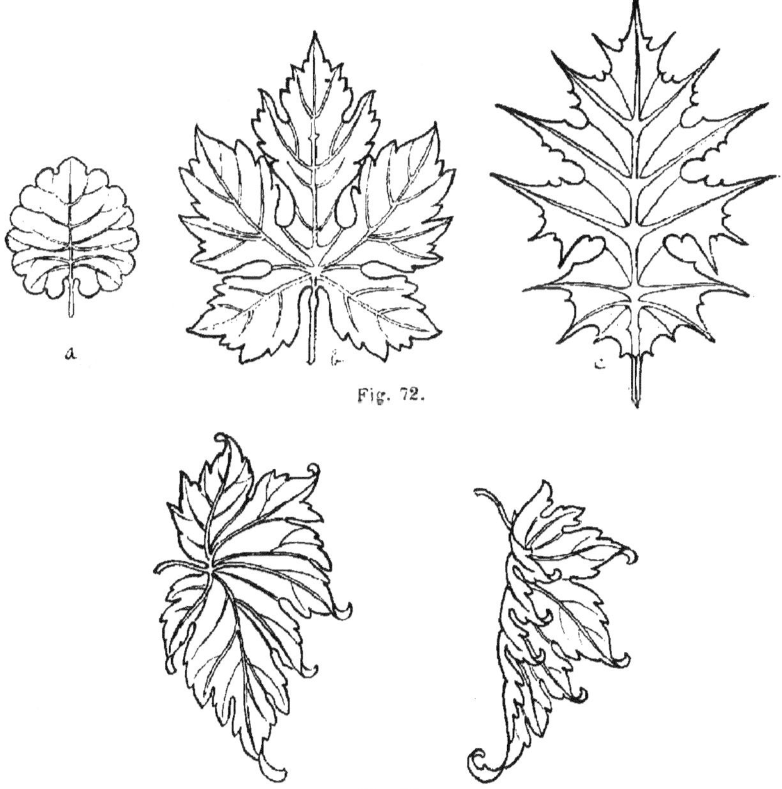

Fig. 72.

Fig. 73.

Nous prendrons maintenant des feuillages composés, c'est-à-dire formés de plusieurs feuilles juxtaposées; face à face, comme dans la glycine; à cheval sur la tige, comme dans le sureau; irrégulières, comme dans la ronce (*fig.* 74, a); à formes très découpées, comme dans le persil, le cerfeuil, etc. (*fig.* 74, b).

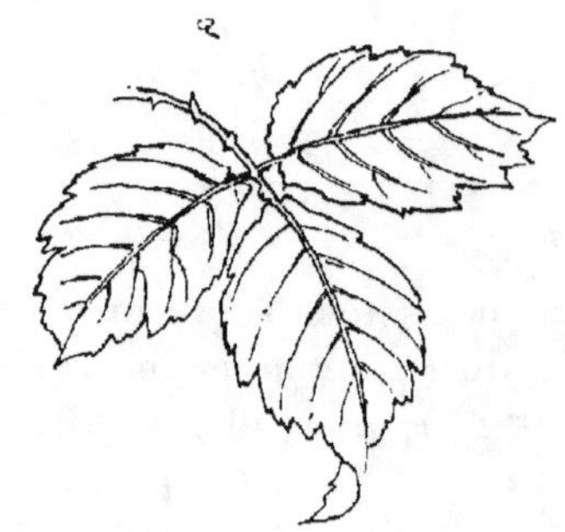

Fig. 74.

Les mêmes transformations, au point de vue décoratif, seront à faire pour ces feuillages (*fig.* 75, a, b).

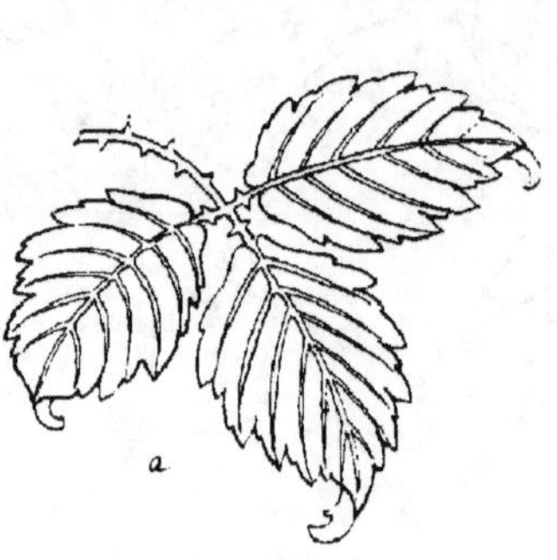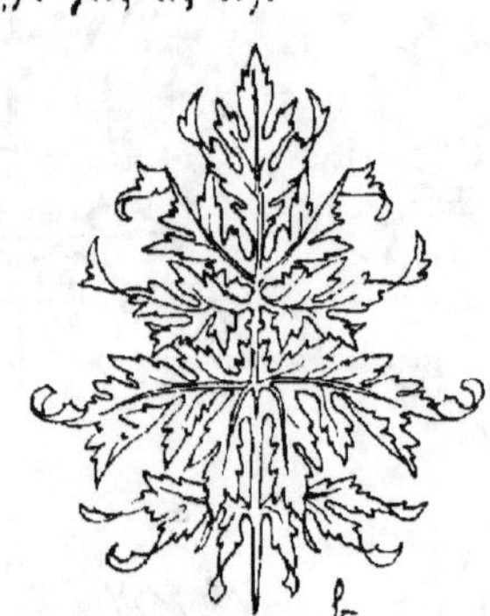

Fig. 75.

Devoirs. — 1° Dessiner *d'après nature* et dans diverses positions des feuilles aux contours simples, les transformer ensuite décorativement.

2° Dessiner de même des feuilles aux contours dentelés, en dents de scie, puis à dentelures arrondies, et les transformer décorativement.

3° Même étude d'après des feuilles à contours découpés et dentelés, puis à piquants. Les transformer décorativement.

4° Faire subir les mêmes transformations, après les avoir dessinées d'après nature, à des feuilles à contours asymétriques.

5° Dessiner différentes sortes de feuillages composés et les rendre ensuite décoratifs.

CHAPITRE IX

La tige.

Maintenant que nous connaissons suffisamment la feuille, passons aux diverses sortes de tiges.

Celles-ci présentent également beaucoup de variété et nous offriront, par conséquent, beaucoup d'éléments.

Il est des tiges unies, régulières, rigides ou souples ; des tiges grimpantes s'enroulant en vrilles ; des tiges épineuses, etc. Voici (*fig.* 76, A) quelques exemples des unes et des autres.

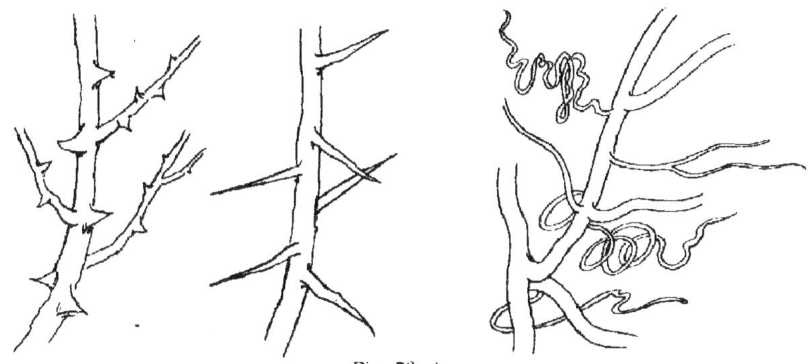

Fig. 76, A.

Nous les rendons décoratives tout comme nous l'avons fait pour le feuillage (*fig.* 76, B) :

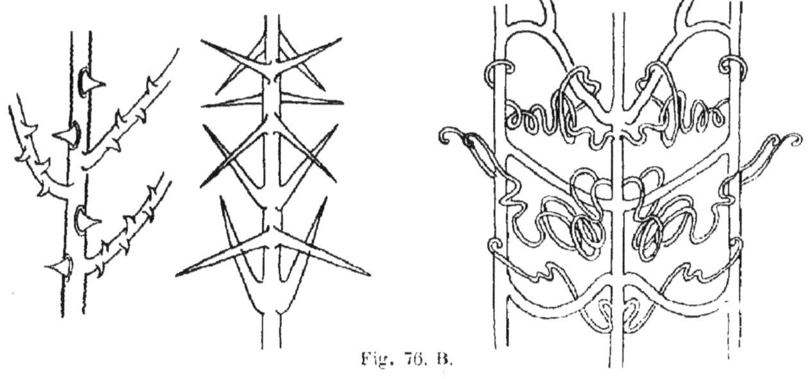

Fig. 76, B.

Voici un autre exemple (*fig.* 77) :

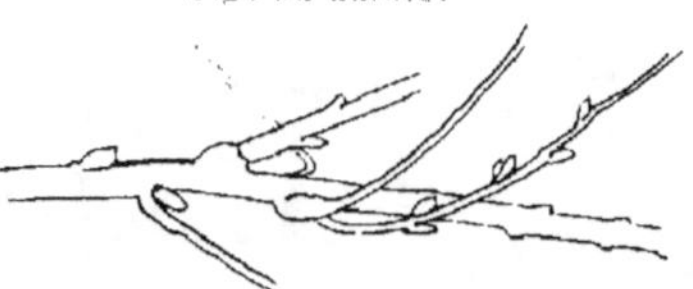

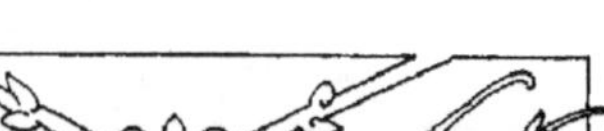

Fig. 77.

Lorsqu'on dessine une tige, il faut non seulement se préoccuper de la forme qu'elle épouse et des aspérités qu'elle présente, mais encore étudier de près et rendre très exactement la façon dont les tiges secondaires et les pétioles viennent s'attacher à la tige principale.

Devoirs. — *Dessiner d'après nature :*
1º Des tiges unies et des tiges contournées en divers sens;
2º Des tiges épineuses ou avec des aspérités de diverses sortes.
Transformer ensuite les unes et les autres de façon décorative.

CHAPITRE X

La fleur.

Ce que nous avons dit, quant à l'étude des feuilles, peut s'appliquer à l'étude de la fleur.

La façon de procéder est la même, c'est-à-dire qu'il faudra, tout d'abord, prendre les fleurs les plus simples, comportant le moins de pétales et le moins de relief possible, pour passer ensuite à des fleurs plus compliquées. Il ne faut pas se dissimuler que le dessin d'une fleur, quelle qu'elle soit, est en général plus difficile que le dessin de la feuille.

En effet, la plupart des feuilles sont planes ou à peu près, j'excepte, par exemple, le houx, le chardon, le pavot et les plantes à feuilles contournées.

La fleur, elle, présente toujours un assemblage de pétales. — Ces pétales varient non seulement dans leurs formes, mais encore dans la façon dont ils s'attachent au calice. Le contour d'une fleur est très délicat et souvent difficile à dessiner exactement; la fleur présente, en outre, une foule de détails qu'il faut observer et rendre : étamines, pistils, etc., variant, eux aussi, de formes et d'allures. A cela viennent s'adjoindre les caprices de coloration, les pointillés, les stries, les nervures, etc.

Le dessin des feuilles et celui des tiges auront été déjà une très bonne étude, un acheminement vers le dessin de la fleur.

Choisissons d'abord des fleurs simples : *seringat, boutons d'or*, etc. (*fig.* 78, A, et 78, B) :

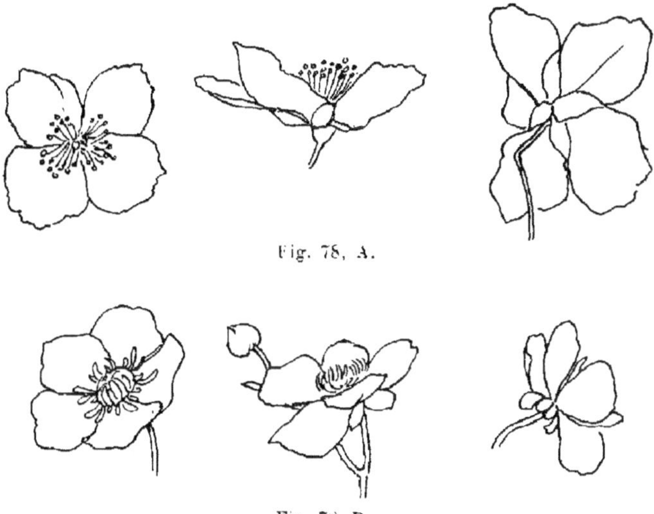

Fig. 78, A.

Fig. 78, B.

puis des *marguerites* aux pétales nombreux ; ces fleurs sont à peu près planes et relativement faciles à rendre (*fig.* 78, C) :

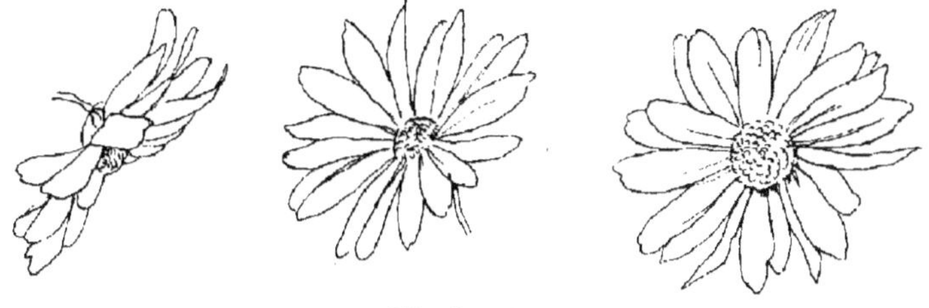

Fig. 78, C.

Nous prendrons ensuite des fleurs en clochettes, comme la *campanule*, la *vigne de Virginie*, etc. (*fig.* 78, D) :

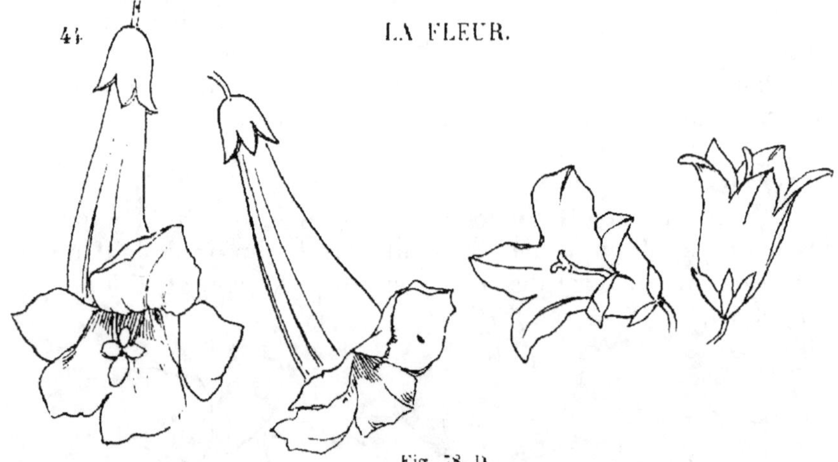

Fig. 78. D.

d'autres présentant des formes capricieuses, comme le *cy-clamen* (*fig.* 79), la *capucine* :

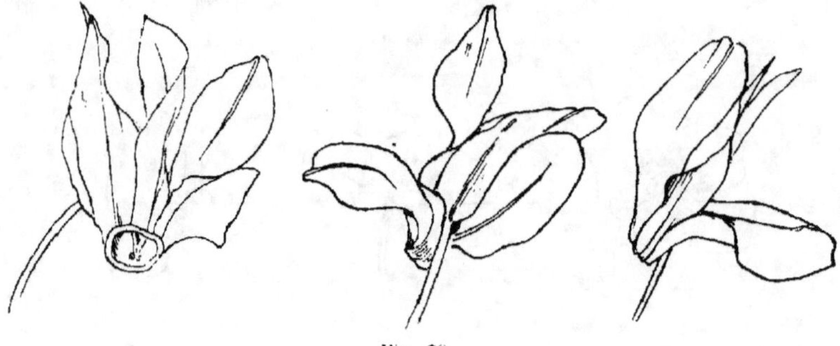

Fig. 79.

d'autres enfin, garnies de nombreux pétales, comme le *chry-santhème*, la *reine-marguerite*, la *rose* (*fig.* 80, A) :

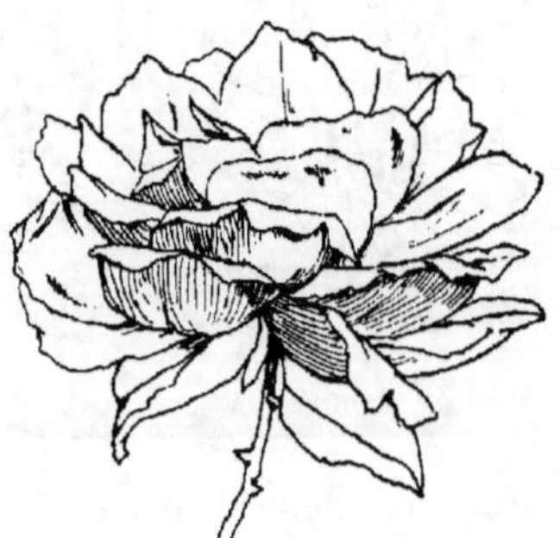

Fig. 80, A.

Viendront ensuite les fleurs en grappes, en thyrses, en bou-
quets, telles que le *lilas*, la *boule de neige*, l'*hortensia*, la
giroflée, l'*aubépine*, etc. (*fig.* 80, B) :

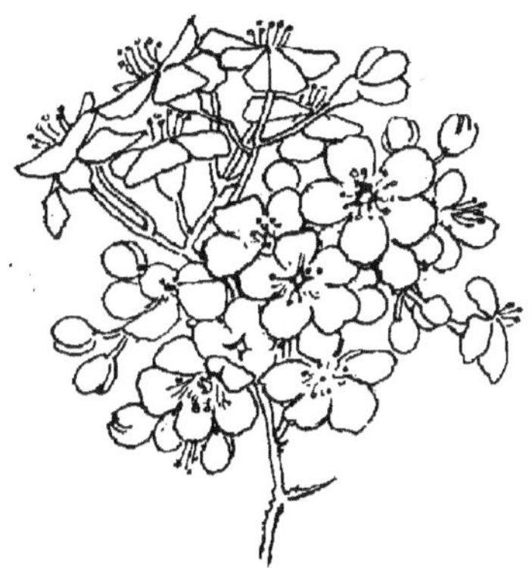

Fig. 80, B.

Nous ne pouvons citer ici que quelques exemples nécessaires pour nous faire bien comprendre ; la nomenclature que
nous venons de donner n'est pas absolue comme ordre à
suivre ; chacun prendra des fleurs à son choix en ayant soin
de commencer par les plus simples, pour arriver petit à petit
aux plus compliquées.

Comme pour les feuilles, on dessinera les fleurs dans toutes
leurs positions.

Au fur et à mesure, comme nous l'avons fait pour les
feuilles et les tiges, nous transformerons nos fleurs naturelles
en fleurs décoratives (*fig.* 81, A, 81, B, 82, 83, 84, 85, 86).

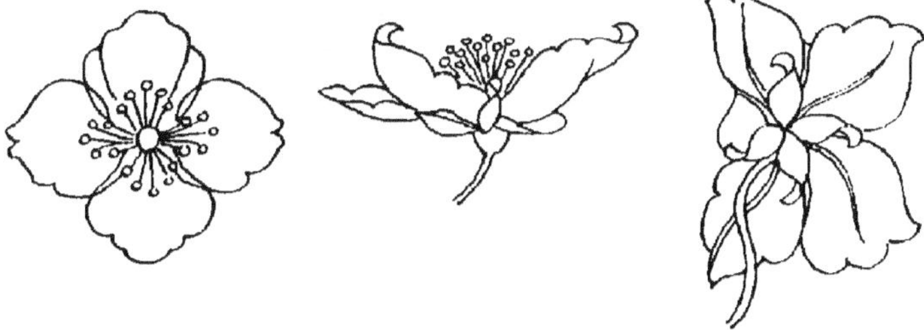

Fig. 81, A.

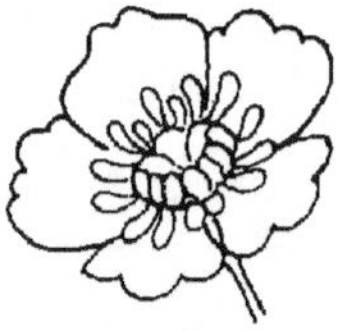 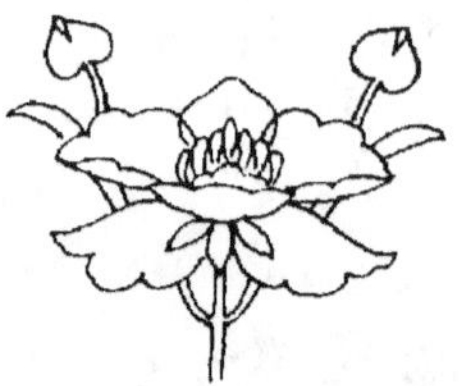 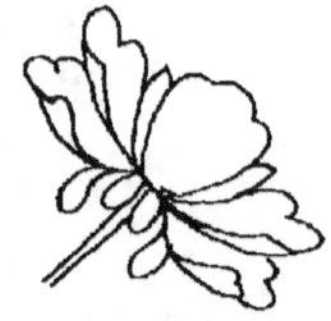

Fig. 81. B.

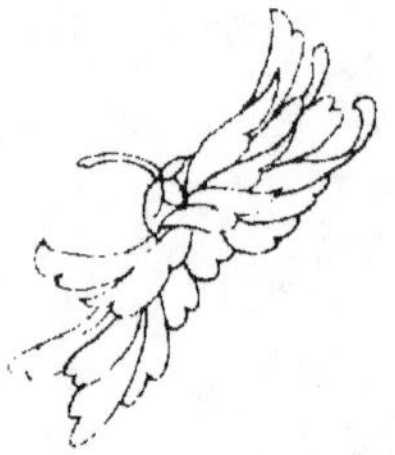 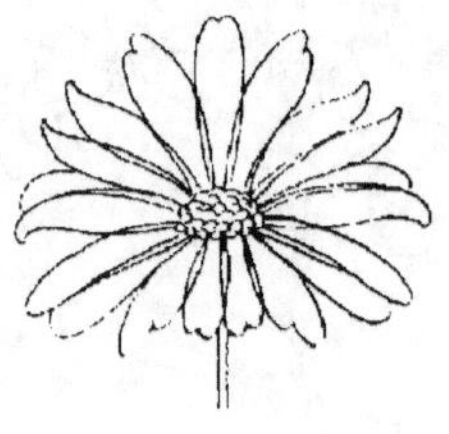 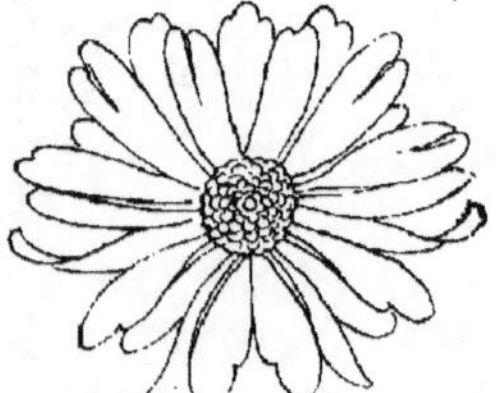

Fig. 82.

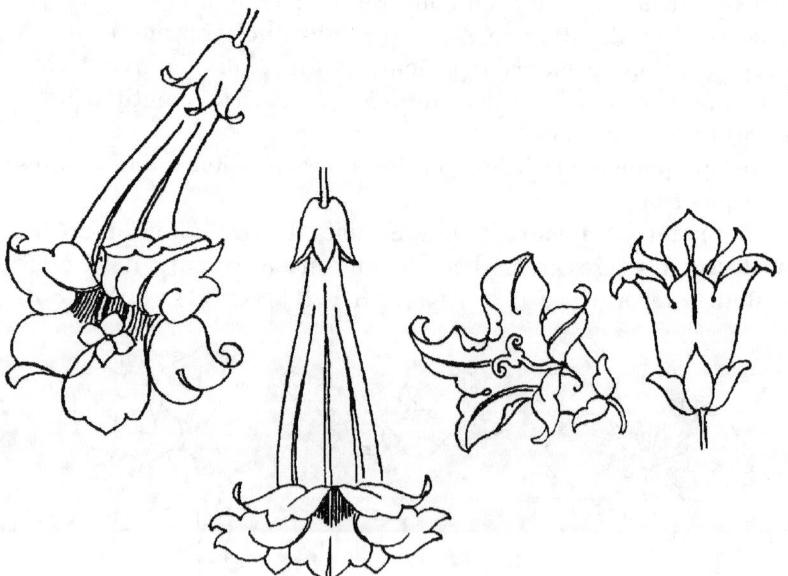

Fig. 83.

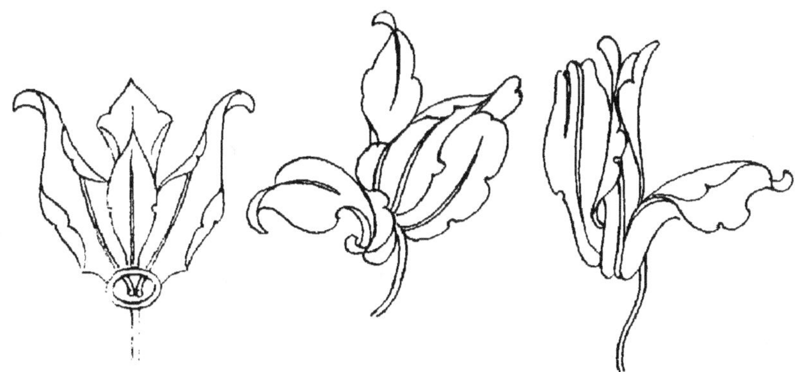

Fig. 84.

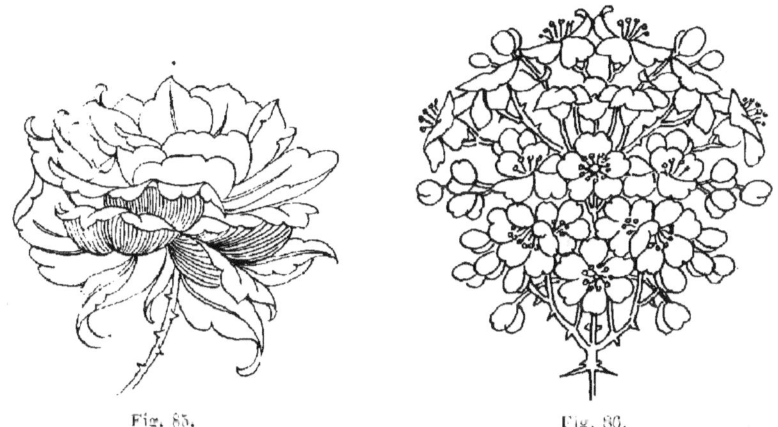

Fig. 85.   Fig. 86.

Devoir. — D'après nature dessiner : 1° une fleur simple ; 2° une fleur en clochette ; 3° fleurs en grappes et fleurs à pétales nombreux. Chacune d'elles sera dessinée dans diverses positions.

L'élève se servira de tous ces documents et devra trouver diverses interprétations décoratives.

Pour procéder graduellement, l'élève fera l'interprétation décorative de la fleur qu'il vient de dessiner avant de passer à la suivante qu'il interprétera à son tour.

CHAPITRE XI

Branches fleuries, ensembles, etc.

Nous arrivons, maintenant, à une étude plus difficile.

Il s'agit de reproduire des fleurs avec leurs feuilles et leurs tiges, en un mot, faire des ensembles tels que les donne la nature, en ayant soin de bien rendre, non seulement les formes de chaque élément, mais encore la façon dont chaque partie se soude à l'autre et l'allure générale de la branche.

Il y a là une diversité infinie, non seulement si l'on considère la variété des espèces, mais même dans chaque plante prise individuellement.

En effet, cueillez une tige de marguerite, une branche de ronce ; celles-ci seront toutes différentes de la branche de ronce ou de la tige de marguerite cueillie par votre voisin. Toutefois, et c'est cela qu'il faut bien observer, les caractères généraux resteront immuables.

Il faut bien faire attention au dispositif général d'un ensemble et remarquer comment se succèdent les branches jusqu'aux extrémités.

Pour l'étude des ensembles, la gradation restera la même. Nous nous dispenserons de donner un ordre à suivre ; maintenant que vous avez dessiné des feuilles, des fleurs et des tiges séparément, avec toutes leurs complications, vous devez être à même de dessiner ces trois éléments assemblés comme vous les offre la nature.

Vous les transformerez ensuite décorativement en vous efforçant de vous inspirer de la silhouette d'ensemble, de la tournure que la nature a capricieusement donnée au rameau, à la branche ou à la tige, pour trouver votre sujet de décoration dont vous pourrez user en *renversement*, en *répétition*, etc., ou comme motif séparé.

Exemples (*fig.* 87, A, et 87, B) :

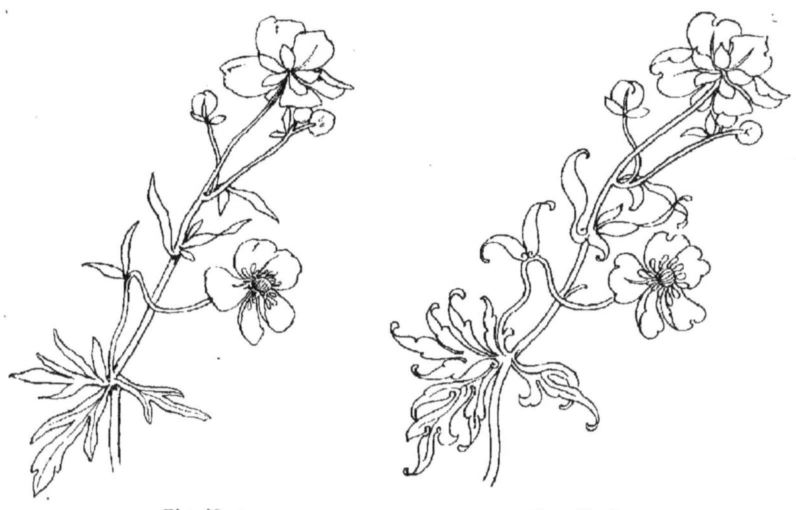

Fig. 87, A. Fig. 87, B.

Devoir. — Prendre des branches simples avec fleurs, feuilles, tiges, boutons; les dessiner d'abord à l'état « nature », puis les transformer décorativement tout en gardant l'allure générale.

Ceci *est l'application d'ensemble des études partielles des précédents devoirs.*

CHAPITRE XII

Autres éléments puisés dans la plante.

En dehors de la feuille et de la fleur, il est d'autres éléments de décoration à puiser dans la plante et il sera bon de s'en inspirer aussi.

Les fruits, par exemple, bien que moins variés de formes que les fleurs, sont à étudier, de même que les légumes.

Puis il faut, en quelque sorte, disséquer la plante, en faire des coupes.

Coupez une fleur, un fruit, un légume par le milieu, vous

trouverez, dans la fleur, des dispositions variées d'étamines et de pistils; dans le fruit, les pépins et les noyaux; dans les légumes les nervures, les graines. Les cosses vous inspireront aussi des ornementations souvent inattendues.

En somme, il ne faut rien négliger; la nature produit à souhait des motifs que chacun transforme à sa façon et qui peuvent devenir ainsi très originaux.

Devoirs. — 1º Prendre des fruits et des légumes avec leurs tiges et leurs feuilles, et les traduire décorativement.

2º Trouver dans la fleur, le fruit, le légume, après avoir coupé ceux-ci horizontalement et verticalement, des éléments divers qu'il faudra transformer en ornements.

DEUXIÈME PARTIE

DIVERS MODES EMPLOYÉS EN DÉCORATION

CHAPITRE PREMIER

Le renversement.

Nous avons jusqu'ici étudié seulement le parti à tirer de la plante prise sur nature pour la transformer en motifs décoratifs.

Nous allons maintenant commencer à faire des compositions décoratives d'après les éléments que nous avons récoltés, cela en employant divers moyens usités en décoration.

Disons de suite que ces divers procédés peuvent non seulement servir pour la plante *une fois transformée*, mais aussi pour la *plante nature*, laquelle, grâce à l'emploi de ces procédés, devient décorative par elle-même ; plus souvent, toutefois, on la stylise ; autrement dit, on la régularise ornementalement ainsi qu'il a été expliqué aux chapitres VIII, IX et X de la première partie.

Le plus simple des moyens et l'un des plus usités en ornementation est le « *renversement* » : renversement simple, double, quadruple, etc.

Vous avez certainement, sans vous en douter, employé déjà le procédé dont nous nous occupons.

Collégien, vous vous êtes certainement amusé quelquefois à maculer d'encre une feuille de papier que vous avez pliée ensuite par le milieu, puis frottée une fois repliée, ce qui a produit par « renversement » une image capricieuse, souvent curieuse et toujours symétrique, puisque, de chaque côté du pli, l'image se reproduit identique.

Sans le savoir, vous faisiez là de l'art décoratif par « renversement ».

Le renversement consiste donc à composer un dessin à

cheval sur une ligne médiane et dont la partie tracée d'un côté de cette ligne (horizontale ou verticale) se reproduit exactement à l'envers de l'autre côté; c'est là la base de tout ornement symétrique.

Cela est si vrai que, en prenant la forme la plus irrégulière, la plus baroque et en la renversant, vous obtenez quand même un ornement régulier; vous en avez eu la preuve, naguère, avec la tache d'encre.

Au reste, voici quelques exemples (*fig.* 88) :

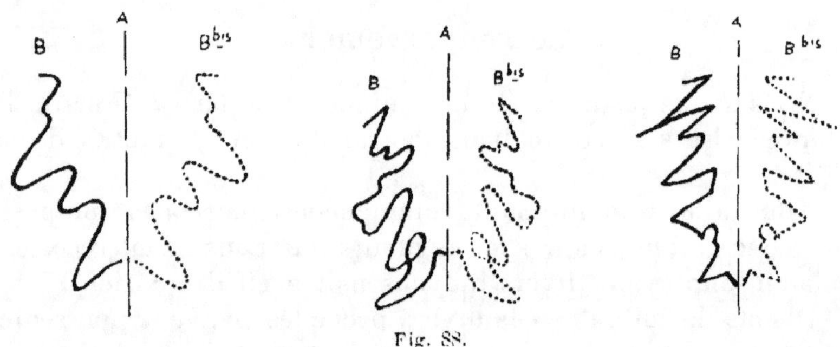

Fig. 88.

Les lignes B prises séparément n'ont aucune forme régulière: en les renversant (B *bis*) sur la ligne médiane A, on obtient un ornement régulier.

Ceci corrobore ce que nous avons dit plus haut pour la fleur naturelle.

Prenons une branche quelconque (*fig.* 89, A), irrégulière, et renversons-la de plusieurs façons sur notre ligne médiane 1 et 2 (*fig.* 89, B, et 89, C); nous obtenons des ornements très différents, quoique combinés avec un seul et même élément répété différemment. On peut de plus ajouter des lignes de jonction comme à la figure 89, C.

Tout ce que nous venons de dire au sujet du renversement simple, s'applique au renversement double, triple, etc.

Si nous prenons un motif renversé verticalement et si, en suivant le même principe, nous renversons l'ornement ainsi obtenu, sur une ligne horizontale (A, B), nous faisons un *renversement*

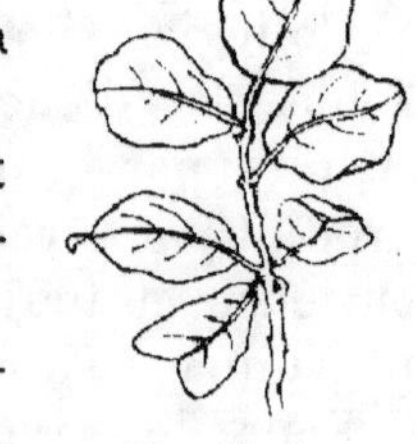

Fig. 89, A.

double qui nous donne un ornement plus complet, plus com-

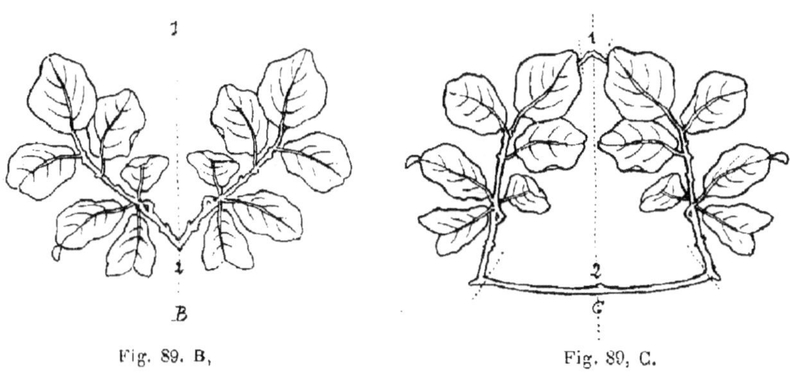

Fig. 89. B,

Fig. 89, C.

pliqué, bien que composé d'un seul motif répété dans les deux sens (*fig.* 90, A et B) :

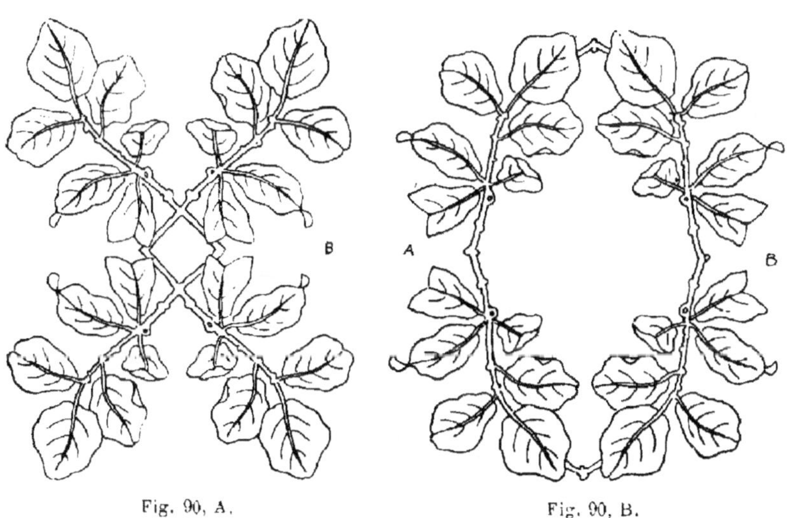

Fig. 90, A.

Fig. 90, B.

Le renversement peut se compliquer encore par l'adjonction d'obliques sur lesquelles se renverse encore un motif ou deux motifs différents, mais il faut alors combiner ces motifs de façon à leur laisser la place pour se répéter sans surcharge ou confusion.

Des motifs pareils peuvent se juxtaposer comme dans la

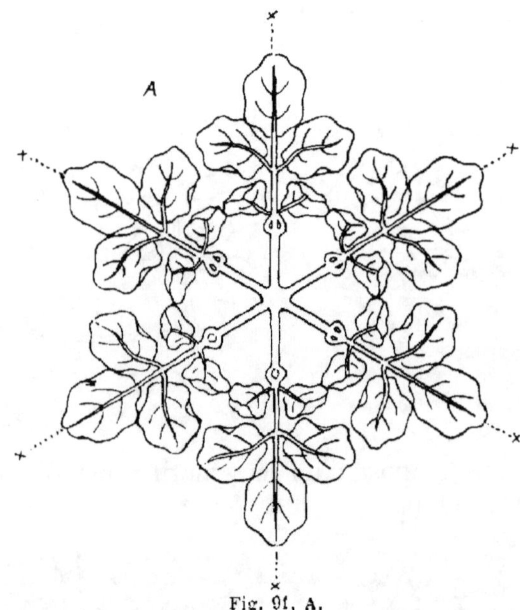

Fig. 91, A.

figure 91, A : rester écartés les uns des autres comme dans la

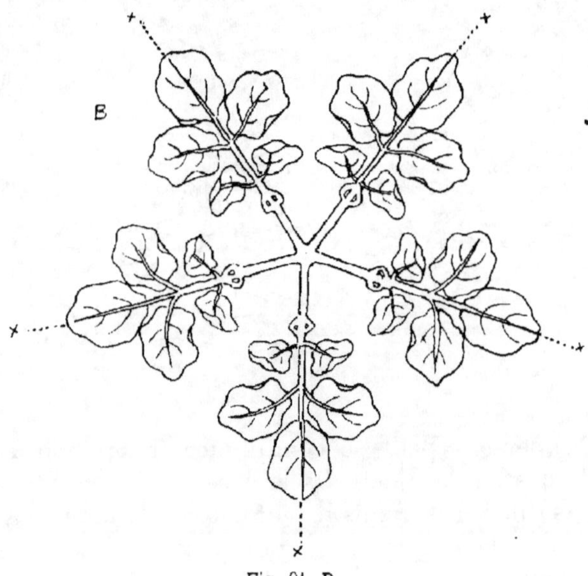

Fig. 91, B.

figure 91, B, ou s'accrocher les uns dans les autres, en faisant passer des parties du motif parfois en dessus, parfois en dessous, ce dont nous donnons, dans la rosace 91, C, deux exemples différents.

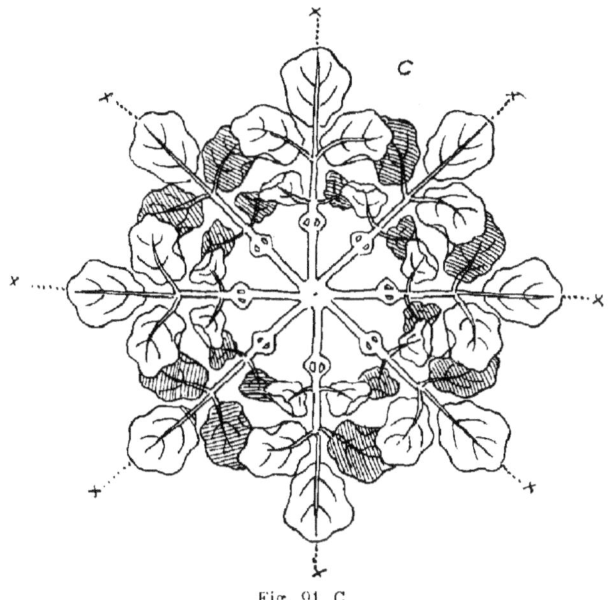

Fig. 91, C.

Pour plus de clarté, nous avons grisé les parties passant en dessous.

Pour ces exemples, on remarquera que nous avons repris la figure 89, A, dont nous avons fait un motif régulier en renversant un des côtés.

Voici donc avec un seul motif une variété d'arrangements formant des ornements divers. Les lignes sur lesquelles sont établis les motifs sont indiquées par le signe $\times$.

1er Devoir. — 1° Avec des éléments de feuillages, de fleurs et de fruits à *l'état naturel*, former par divers renversements des ornements réguliers.

2° Avec ces mêmes éléments, transformés décorativement, faire des renversements différents.

2e Devoir. — 1° Avec des motifs à l'état naturel, composer des renversements doubles, c'est-à-dire sur horizontales et sur verticales.

2° Composer des renversements sur obliques.

3° Former des renversements doubles sur horizontales, verticales, puis obliques avec des éléments décorativement transformés.

CHAPITRE II

La répétition et les raccords de bordures.

Le mot *répétition* indique par lui-même le procédé décoratif dont nous allons parler.

Il s'agit, en effet, de répéter de façon régulière un ou plusieurs motifs.

Une des règles immuables de la répétition, c'est la régularité absolue dans les distances entre chaque motif ou chaque combinaison de motifs.

Ceci est non seulement indispensable pour la décoration proprement dite, mais encore et surtout dans les applications diverses : dentelles, broderies, etc., etc.

La répétition se fait : horizontalement, verticalement ou obliquement.

La répétition simple est celle qui ne comporte qu'un seul motif reproduit dans un sens ou dans l'autre, à égale distance (*fig.* 92, A), en se touchant (*fig.* 92, B), ou en s'enclavant

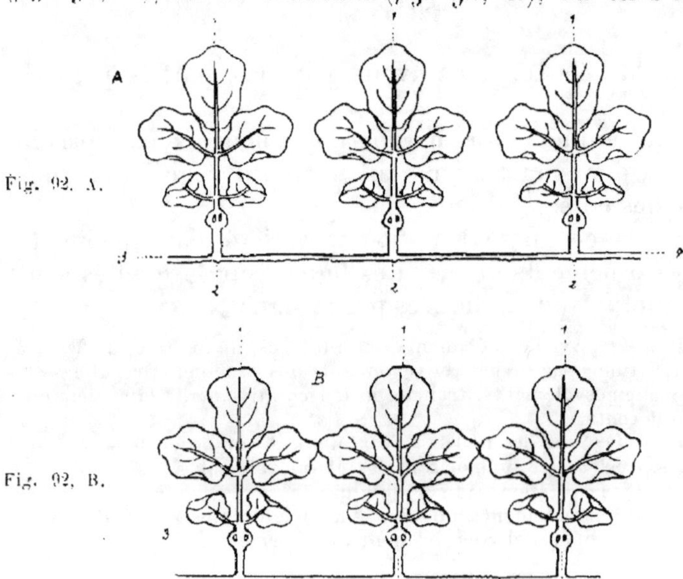

Fig. 92. A.

Fig. 92, B.

(*fig.* 92, C), soit en posant chaque ornement à la même hauteur, soit en variant alternativement cette hauteur comme dans la figure 92, C.

Les distances entre les motifs sont calculées suivant l'effet qu'on veut obtenir.

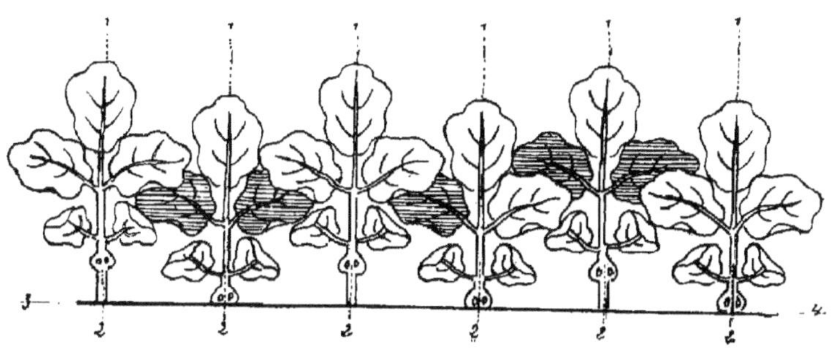

Fig. 92, C.

Le motif répété peut être régulier (*fig.* 92, A, B, C) (motif renversé d'après les règles expliquées, ch. Ier) ou irrégulier (*fig.* 93, A); il peut se présenter droit (*fig.* 92, A, B, C),

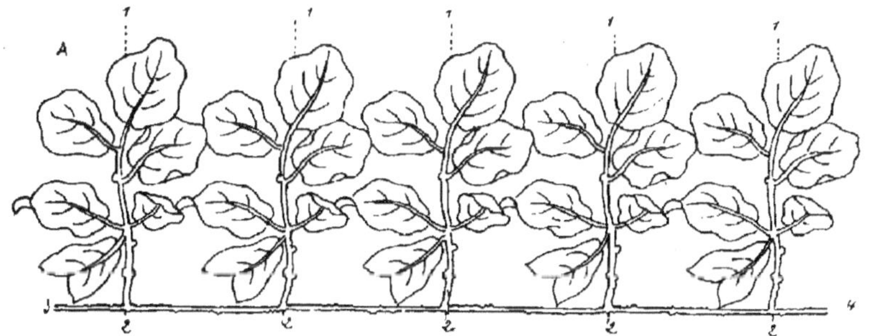

Fig. 93, A.

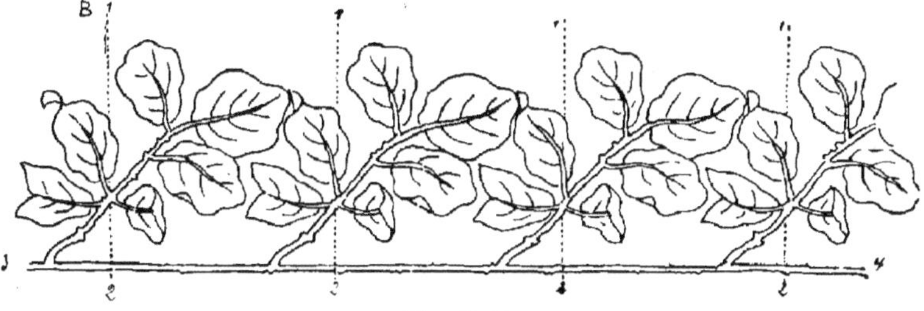

Fig. 93, B.

ou penché (*fig*. 93. B), ou s'employer alternativement dans un sens ou dans l'autre (*fig*. 93, C).

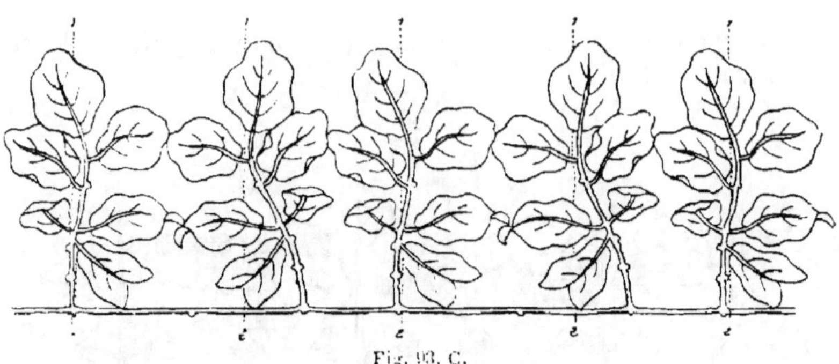

Fig. 93. C.

Pour ces démonstrations, nous avons pris encore le motif de la figure 89, qui nous a servi déjà pour les figures 90 et 91.

Pour établir des bordures à répétition (*fig*. 92 et 93), il faut tracer au préalable des lignes indicatrices (qu'on efface après) sur lesquelles on pose le motif toujours dans les mêmes aplombs.

Si les aplombs ou les distances n'étaient pas observés, la régularité indispensable n'existerait plus (*fig*. 93, D) :

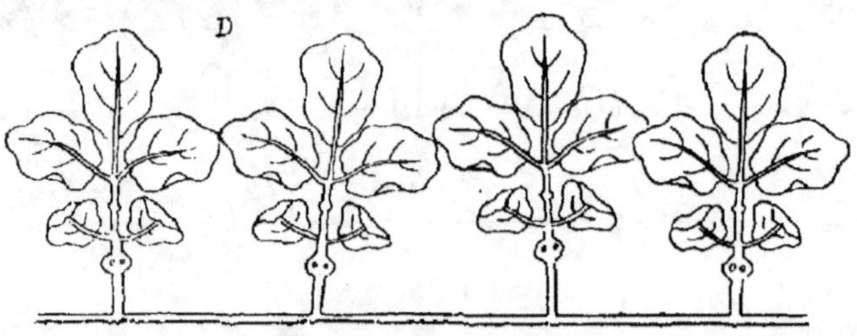

Fig. 93, D.

Par l'exemple bon (*fig*. 92, B), on voit que les mêmes éléments du motif se rejoignent aux mêmes endroits en gardant les mêmes distances à certains points des lignes indicatrices; choses non observées dans l'exemple mauvais (*fig*. 93, D).

La répétition se fait également en courbes; elle est plus difficile, parce que les lignes d'établissement ne sont plus parallèles, mais, en convergeant vers le centre, deviennent les rayons d'une circonférence.

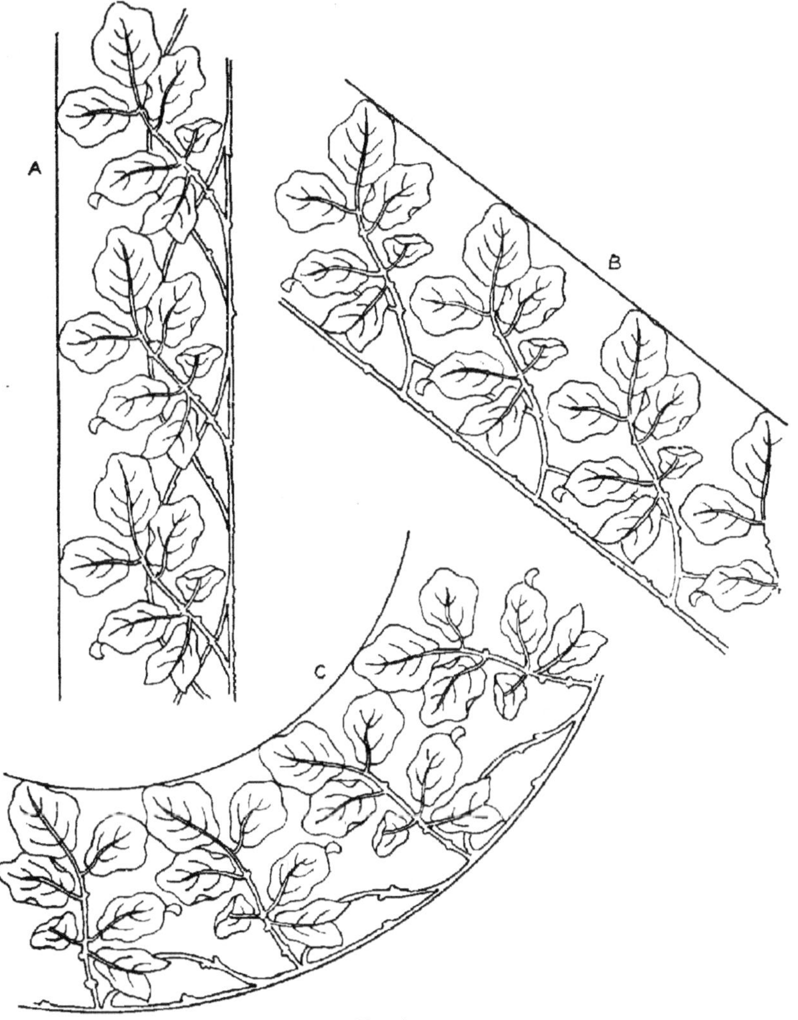

Fig. 94.

Ces lignes une fois indiquées, l'établissement du motif se fait de même. Les figures 90 et 91 peuvent servir d'exemples.

En gardant toujours le même motif de la figure 89, nous donnons des exemples de répétition verticale (*fig.* 94, A), de répétition oblique (*fig.* 94, B), de répétition courbe (*fig.* 94, C), en allongeant les tiges pour que les sujets se rejoignent.

La répétition *alternée* diffère de la répétition simple, en ce qu'elle comporte, non plus un seul, mais plusieurs motifs alternativement. Les principes d'établissement sont les mêmes.

Les motifs employés peuvent avoir une même importance (*fig.* 95, A) ou être de dimensions variées.

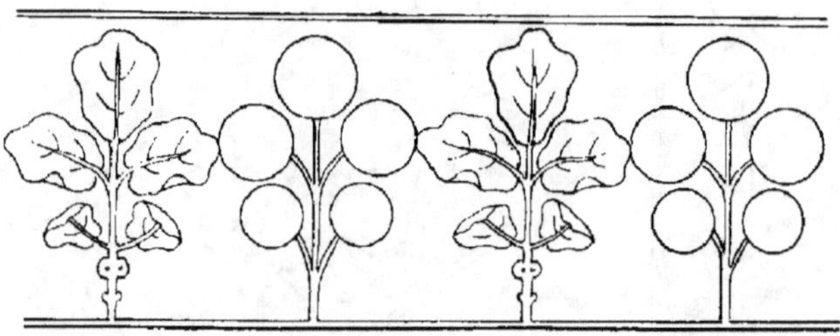

Fig. 95, A.

L'un d'eux peut avoir la prépondérance sur les autres, qui alors deviennent accessoires (*fig.* 95, B).

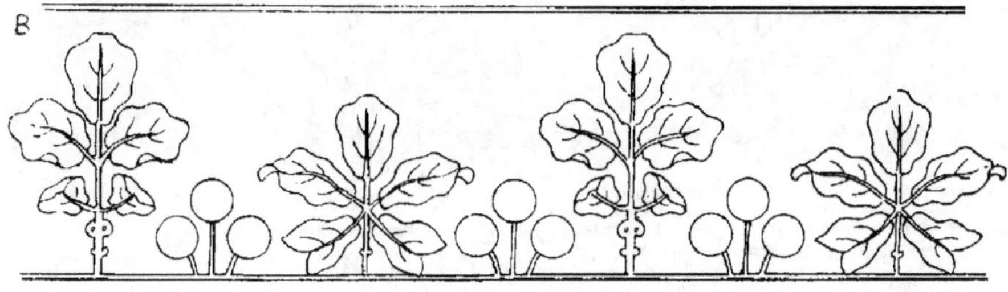

Fig. 95, B.

On peut combiner des bordures à répétition :
avec motifs réguliers seulement (*fig.* 92, et *fig.* 95, A et B);
avec motifs irréguliers seulement (*fig.* 93, A, B, C);
avec motifs réguliers et irréguliers alternant (*fig.* 96).

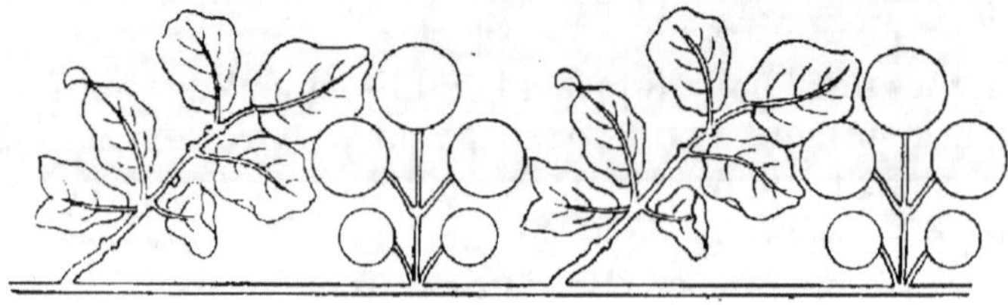

Fig. 96.

Les motifs peuvent partir alternativement d'en haut et d'en bas (*fig.* 97).

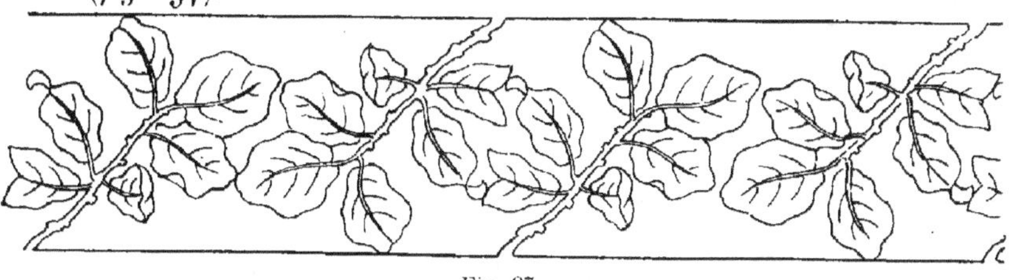

Fig. 97.

Comme pour la répétition simple, les éléments seront plus ou moins écartés les uns des autres, ou pourront se toucher ou s'enclaver.

Lorsque les motifs d'une bordure à répétition simple ou alternée s'enclavent ou chevauchent les uns sur les autres, il y a *raccord*.

Le raccord est le point de jonction des motifs entre eux. Il faut que le raccord soit combiné de telle sorte qu'il ne heurte pas le regard et que l'ensemble des motifs *répétés* et *raccordés* forme un tout homogène.

Le *raccord*, nous le verrons par la suite, joue un rôle prépondérant en art décoratif, il faut qu'il soit adroitement conçu.

La forme la plus simple est celle faite en bordures horizontales, verticales ou obliques, comme dans les exemples précédents.

Les principes d'établissement sont les mêmes que pour la répétition : Il faut avant tout tracer des lignes indicatrices dans lesquelles le motif s'inscrira ; l'ensemble de ces lignes forme ce qu'on nomme *réseaux de construction* ; ils sont destinés à disparaître après l'exécution.

Voici un motif régulier, son réseau de construction est indiqué par les lignes 1, 2, 3, 4 (*fig.* 98, A) :

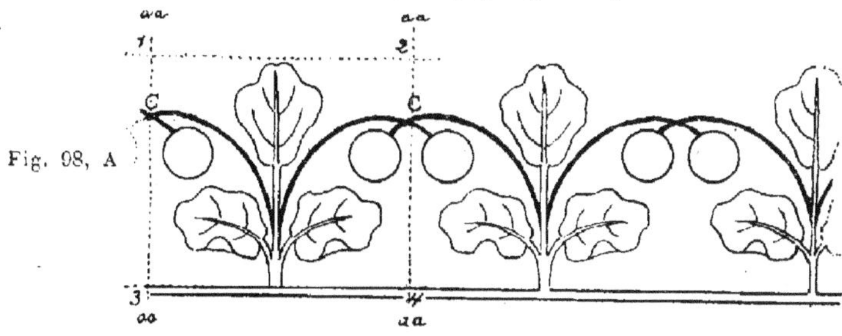

Fig. 98, A

Motif irrégulier (*fig.* 98, B) : le réseau indiqué par 1, 2, 3, 4.

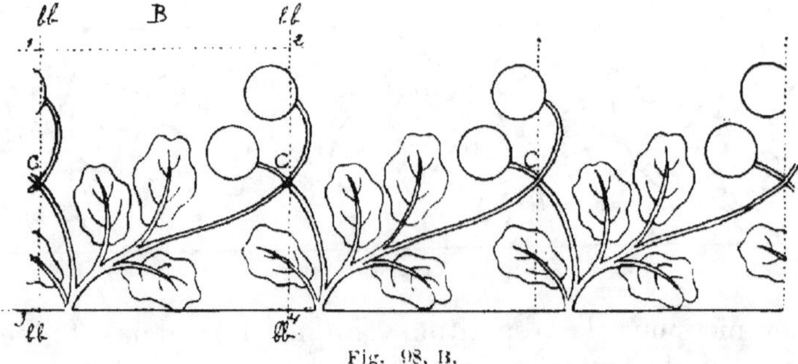

Fig. 98, B.

aa, dans le motif régulier 98, A ; *bb*, dans le motif irrégulier 98, B, indiquent les *raccords* puisque ce sont les points de jonction.

Les exemples (*fig.* 98, A et B) sont avec motifs se croisant à un point déterminé C.

Voici maintenant un exemple (*fig.* 99) d'un motif chevau-

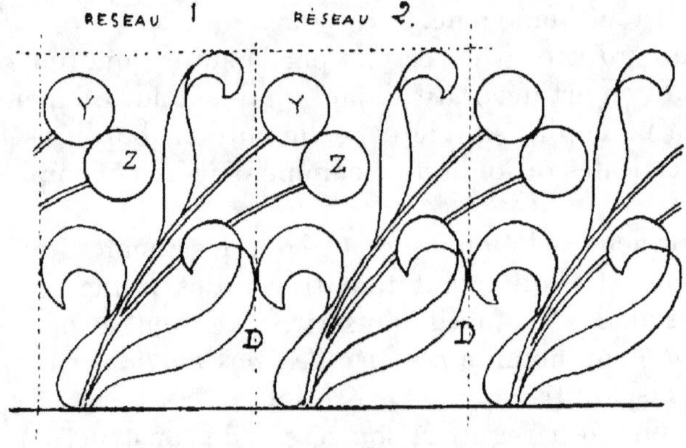

Fig. 99.

chant sur l'autre, mais sans croisement, en se joignant seule-ment.

On remarquera que le motif va d'un réseau à un autre, ce qui est nécessaire pour le bon aspect, et que les fleurs Y-Z qui ont leur départ de tige dans le réseau 1 sont placées dans le réseau 2.

Il ne faut donc pas perdre de vue ces deux principes :

1° Points de croisement C (*fig.* 98);
2° Points de jonction D (*fig.* 99).

Si nous négligeons les uns ou les autres, nous n'avons plus un raccord, mais une répétition.

Exemples complémentaires : (*fig.* 100, A, B, C).

Dans la figure A, nous trouvons un motif en répétition.

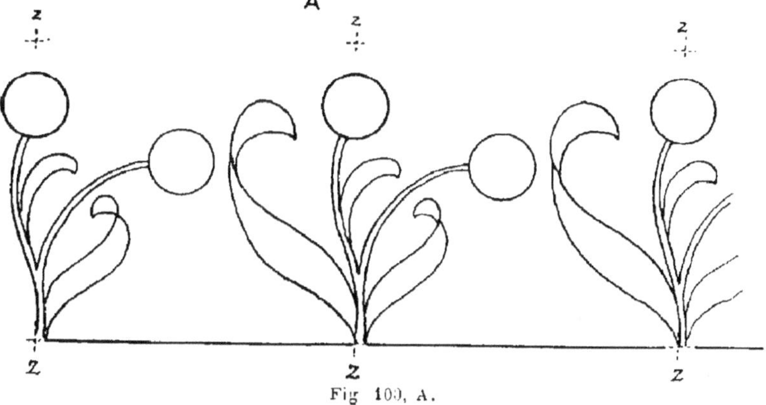

Fig. 100, A.

Dans la figure B, nous trouvons le même motif à jonction.

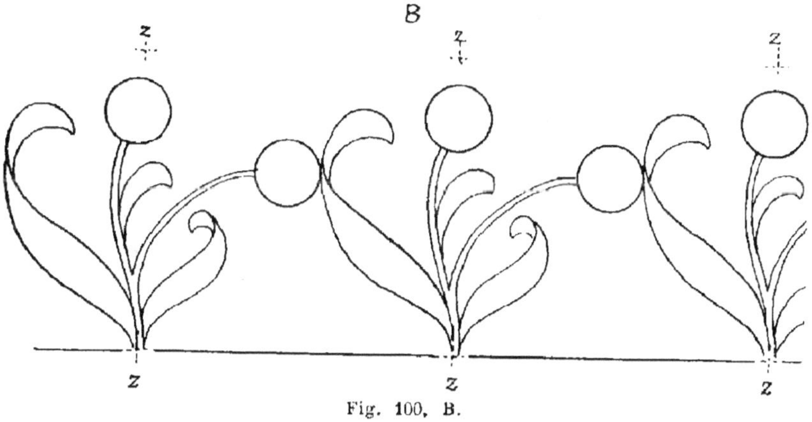

Fig. 100, B.

Dans la figure C, nous trouvons le même motif à croisement.

Dans les cas d'ornements simples semblables à ceux que nous donnons comme exemples, il n'est pas utile de tracer les réseaux sur toute la longueur du dessin.

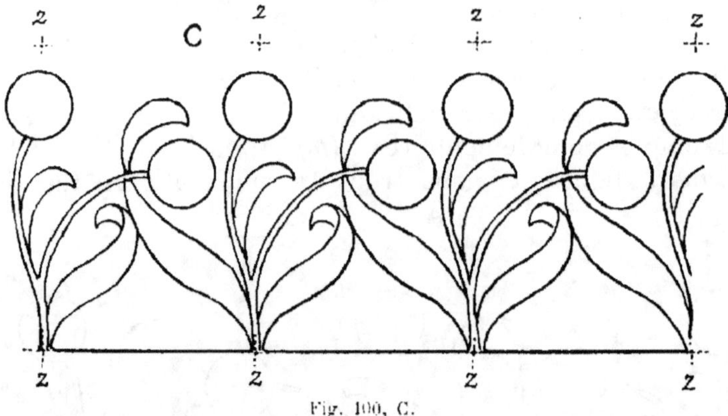

Fig. 100, C.

Le réseau pour la composition suffit.

Pour la répétition, on n'aura qu'à reporter soigneusement le calque ou poncif de cette composition sur des points de repère exactement déterminés et indiqués par Z sur les figures 100, A, B, C.

Ces points de repère seront indiqués au compas ou au centimètre.

Il va de soi que, pour les bordures horizontales, ces points s'établissent sur la longueur, et, pour les bordures verticales, sur la hauteur.

Nous verrons, dans le chapitre suivant, comment on combine les unes et les autres à l'angle droit formé par la rencontre des deux lignes verticale et horizontale.

Le principe des raccords est le même et s'établit sur réseau et points de repère, quand il s'agit de bordures à plusieurs motifs, lesquels, ainsi que nous l'avons expliqué pour la répétition, peuvent être de volumes égaux ou de volumes différents, réguliers ou irréguliers.

1er Devoir. — Composer des bordures horizontales, verticales, obliques et courbes :

1° avec un motif simple en répétition;

2° avec deux motifs simples en répétition, ces motifs étant de même importance;

3° avec deux motifs simples en répétition, ces motifs étant de grandeur différente.

Ces bordures comporteront une composition avec motifs réguliers, une avec motifs irréguliers, une avec motifs réguliers et irréguliers alternés.

2ᵉ Devoir. — Composer des bordures horizontales, verticales, obliques et courbes, avec raccords à points de jonction et points de croisement, inscrits dans un réseau :

1° avec un seul motif;
2° avec deux motifs de même importance;
3° avec deux motifs de dimensions différentes.

Dans les trois cas, on usera d'abord de motifs réguliers, puis de motifs irréguliers, enfin des deux alternés.

CHAPITRE III

Raccords d'angle.

Par raccords d'angle, on entend non seulement les sujets ornementaux destinés à être placés isolément dans les angles, mais surtout les agencements qu'il s'agit de trouver pour relier entre eux des motifs verticaux à des motifs horizontaux, en un mot les « coins » d'un encadrement.

Il est deux façons de comprendre ces motifs :

1° En cherchant, dans le caractère des *frises* (1) à relier entre elles, un ornement qui, s'appliquant sur l'angle, en dissimule le raccord;
2° En agençant les motifs de la frise de façon à ce que l'ornementation ait l'air de continuer tout en changeant de direction, c'est-à-dire en passant de l'horizontale à la verticale :

Le premier procédé est le plus facile puisqu'il faut seulement trouver un motif indépendant, cartouche, agrafe, sujet ornemental, sous lequel la frise a l'air de venir se rejoindre et qui cache précisément ce point de jonction. Ce cartouche ou ce motif peut même déborder.

On en verra un exemple dans la figure 101.

Pour le second, il faut, nous l'avons dit, se servir uni-

---

(1) *Frise* signifie une bande ornementée enserrée entre deux lignes.

Fig. 101.

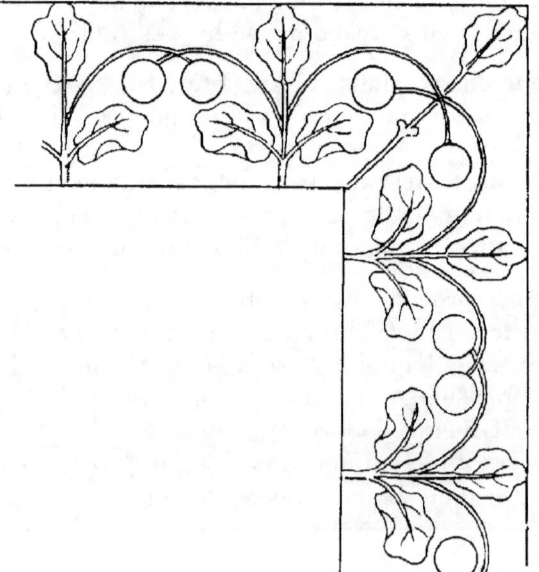

Fig. 102.

quement d'un des motifs de la frise sans que celle-ci semble
s'interrompre. On devra donc mettre à cheval ce motif sur la
ligne oblique de l'angle et en faire le renversement, en ajoutant au besoin un élément complémentaire à motifs réguliers
(*fig.* 102), ou à motifs irréguliers (*fig.* 103) :

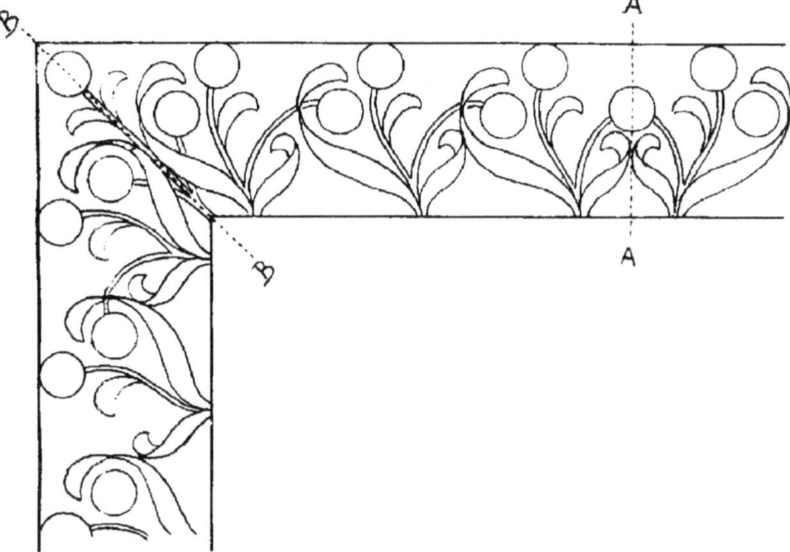

Fig. 103.

C'est le raccord d'angle le plus facile.

Il faut toujours combiner les coins de façon à ce que les
mêmes espaces soient observés, c'est-à-dire que ces coins ne
soient ni plus maigres, ni plus chargés que le reste de l'ornementation. On devra donc parfois ajouter et parfois retrancher
certains éléments pour arriver à la régularité voulue, tandis
que, dans les coins indépendants dont nous parlons au para-
graphe 1er, le motif peut être, si on veut, beaucoup plus important que la frise, puisqu'il peut même être fait d'éléments
tout différents.

Lorsqu'il s'agit d'un dessin asymétrique, il faut trouver, en
outre, un raccord de milieu.

Dans ce cas, le dessin se renversera au milieu (A) comme
dans les exemples 101 et 103, puis se renversera encore sur la

ligne médiane B de l'angle pour passer de l'horizontale à la verticale.

Il faut combiner ses distances pour que les raccords, milieu

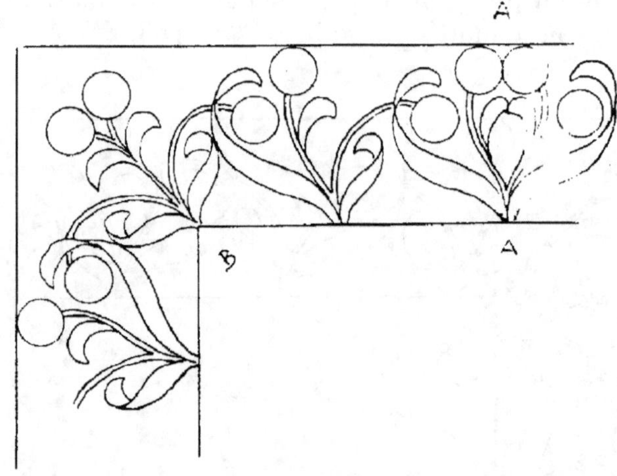

Fig. 104.

et angles, s'agencent de façon à ne pas gêner la régularité, comme à la figure 104 que nous donnons comme exemple mauvais.

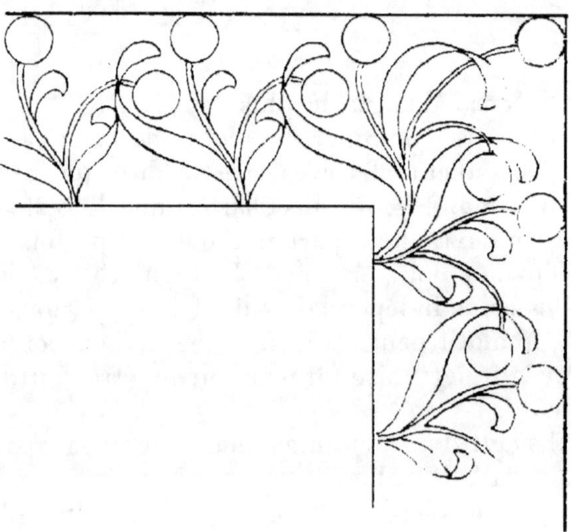

Fig. 105.

La recherche du motif d'angle est plus difficile lorsqu'il s'agit de motifs enclavés les uns dans les autres ou joints les uns aux autres, en un mot des motifs à raccords.

Toutefois, le principe de renversement reste le même.

Le plus compliqué des raccords d'angle, qui, par conséquent, nécessite le plus de recherches, est celui que comporte la frise asymétrique sans renversement, c'est-à-dire à ornement courant dans un même sens, qu'il s'agisse de motifs séparés ou de motifs à raccords.

Il faut, en ce cas, trouver un motif similaire venant remplir l'espace vide sans gêner la régularité (*fig.* 105).

1er Devoir. — Combiner des bordures à répétition avec raccords d'angles et raccords de milieu :

1º avec motif symétrique ou à renversement ;
2º avec motif asymétrique ;
3º Composer pour les bordures ci-dessus des angles et un motif de milieu indépendants.

2e Devoir. — Etablir avec angles et motif de milieu des bordures faites avec des dessins à raccords, points de croisement et points de jonction :

1º avec motif symétrique :
2º avec motif asymétrique :
3º avec les deux alternant.

3e Devoir. — Composer des raccords d'angle pour des encadrements à motifs asymétriques sans renversement, motifs courants, autrement dit :

1º Bordures avec éléments à répétition ;
2º Bordures avec éléments à raccords, point de jonction et de croisement.

CHAPITRE IV

Emploi des valeurs.

Nous nous sommes efforcé jusqu'ici d'indiquer, en tant que composition, les différents procédés à employer pour établir des dessins décoratifs, en nous préoccupant seulement de l'agencement des lignes, de leurs diverses combinaisons, des contours « du dessin » proprement dit, en un mot, lequel est et restera la base de toute œuvre d'art, quelque application qu'on en veuille faire.

Il nous paraît utile, maintenant, avant de passer à diverses autres combinaisons décoratives, de dire quelques mots sur les effets variés à tirer par l'emploi des différentes valeurs et par les ornementations de lignes et de points, lesquels, suivant leur plus ou moins de rapprochement ou d'épaisseur, prennent plus ou moins d'intensité et donnent, par conséquent, des valeurs plus ou moins fortes.

Nous avons expliqué, au chapitre V de la première partie, l'emploi des lignes et des points et, au chapitre VII, ce que l'on entend par *valeurs*. Il faudra, si la mémoire fait défaut, se reporter à ces chapitres pour bien comprendre les exemples que nous allons donner.

Pour rendre ces exemples plus clairs, nous prendrons une figure ayant paru dans le cours de cet ouvrage, nous la répéterons intégralement « comme forme », mais en variant les valeurs et les ornementations par points et lignes puisés aux chapitres V et VII de la première partie, et en épaississant plus ou moins les lignes de contour.

Prenons la figure 99 et transformons-en l'effet par l'emploi varié des différentes valeurs. En nous servant de valeurs pareilles, mais combinées différemment, nous obtenons, avec un même dessin, des effets opposés.

Dans les figures 106, A, et 106, B, nous faisons jouer inversement les valeurs expliquées figures 59 A, 59 B, 59 C, 59 D; l'effet produit est tout différent.

Dans les figures 106, C; 106, D; 106, E, nous nous ser-

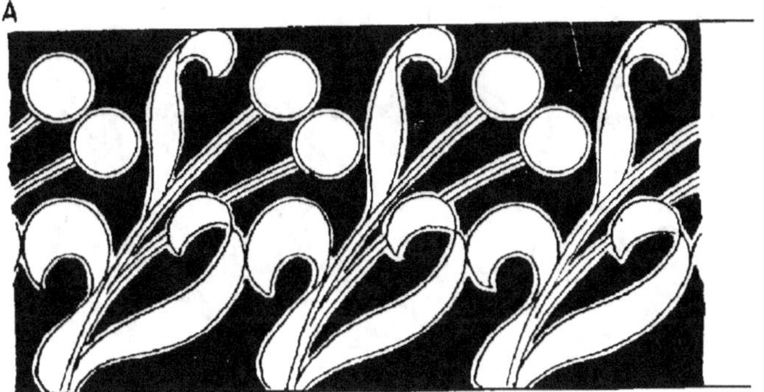

Fig. 106, A.

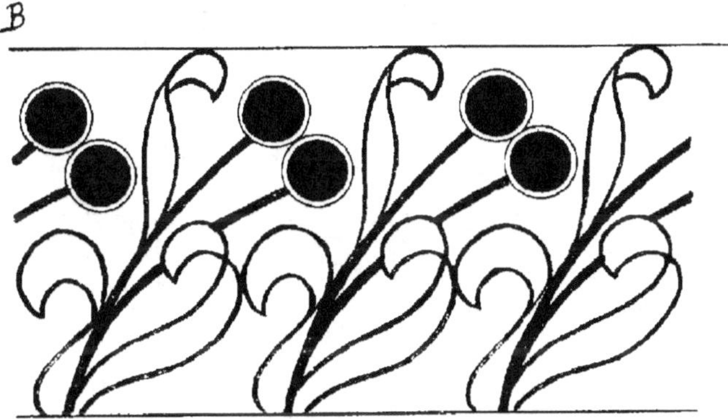

Fig. 106, B.

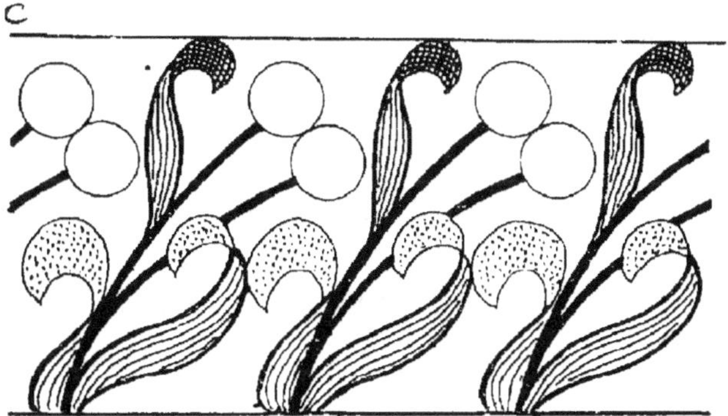

Fig. 106, C.

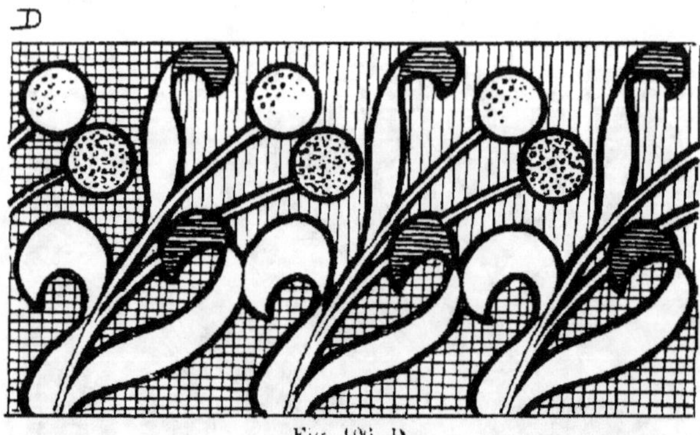

Fig. 106, D.

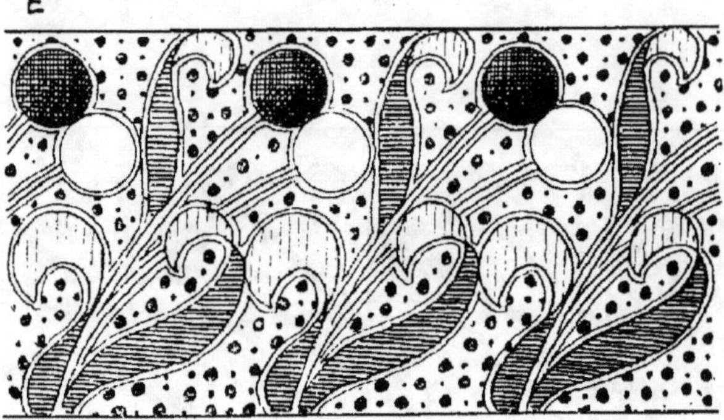

Fig. 106, E.

vons, en les adaptant différemment, de quelques-unes des indications données dans les figures 42-44 et 60-61.

Ces exemples suffiront pour faire bien comprendre le rôle des *valeurs* dans la décoration.

Devoir. — Prendre des dessins composés au trait et y ajouter des valeurs diverses et diversement employées pour obtenir des effets différents et très variés.

CHAPITRE V

Répétitions et raccords de surfaces.

On a vu, dans le chapitre précédent, l'importance que joue le raccord dans la frise ou la bordure. Or, le raccord de surface joue un rôle plus grand encore; il est souvent très difficile à combiner et, de sa combinaison plus ou moins heureuse, dépend souvent tout l'effet, toute l'originalité d'un dessin.

Nous aurons fait comprendre à quel point il est indispensable de bien étudier les raccords lorsque nous aurons dit qu'ils sont inévitables dans toutes les applications industrielles concernant les étoffes, les broderies, les papiers peints, etc., en un mot dans toutes les applications où un même dessin est reproduit à l'infini sur des surfaces illimitées.

Il s'agit ici de trouver un ou plusieurs motifs et de les arranger de telle façon que ce ou ces motifs aient des points de jonction ou de croisement, souvent les deux, dans tous les sens : de gauche à droite, de bas en haut, autrement dit que ces motifs se raccordent verticalement et horizontalement.

Il est indispensable, avant tout, de chercher un ensemble qui se balance bien, c'est-à-dire où les espaces vides soient bien calculés de façon à faire valoir les parties ornées.

Les combinaisons à trouver sont innombrables.

Les dessins peuvent être très couverts, c'est-à-dire que les vides en balancent à peu près les parties ornées ; ou légers en laissant des espaces libres assez grands autour de ces parties ornées.

Dans l'un et l'autre cas, les raccords doivent être soigneusement cherchés.

Pour qu'un raccord soit parfait, il ne faut pas qu'à première vue on en trouve l'emplacement.

Le dessin de surface doit jouer de telle sorte qu'il donne l'illusion d'un ensemble, non d'une série de motifs répétés.

Avant tout, il faut trouver à *peu près* le ou les motifs qu'on veut faire entrer dans la composition.

On tracera ensuite le réseau destiné à le recevoir. Le réseau, nous l'avons dit, est une série de carrés ou de rectangles. Les raccords de surface placés dans ce genre de réseaux s'appellent *raccords droits;* on placera donc le motif dans une suite de carrés (ou de rectangles) en ayant soin de le faire chevaucher de l'un sur l'autre ; dans chaque réseau, il se répétera de façon identique, c'est-à-dire que chaque élément du motif se placera aux mêmes points d'intersection et sera coupé aux mêmes endroits par les lignes du réseau. Pour être clair, nous donnons des tracés de réseaux :

La figure 107 donne un réseau avec carrés;

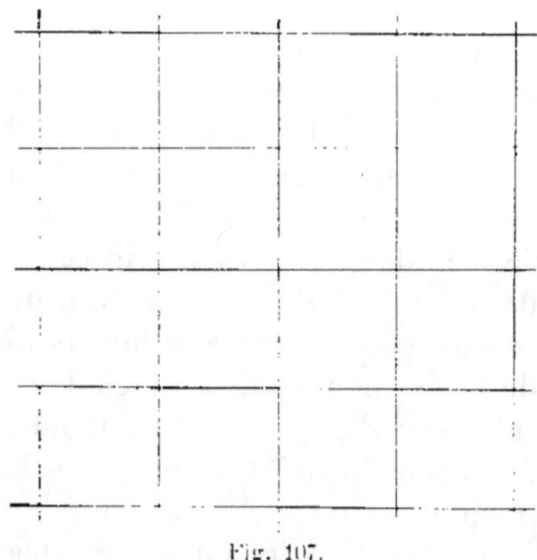

Fig. 107.

La figure 108 donne un réseau avec rectangles verticaux;

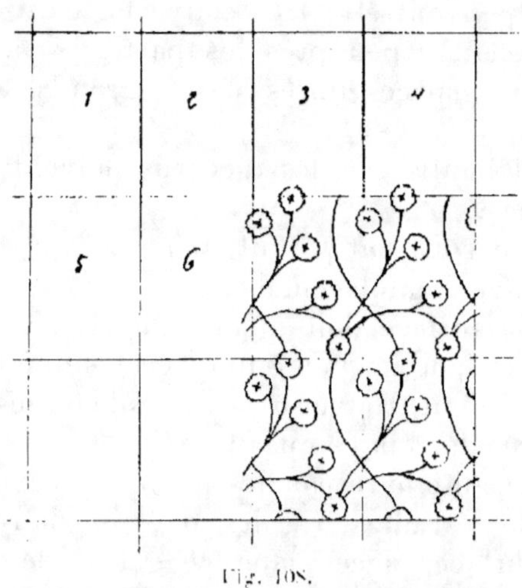

Fig. 108.

La figure 109 donne un réseau avec rectangles horizontaux.

Donc le contenu du carré 1 ou du rectangle 1 sera identique au contenu des carrés ou des rectangles 2, 3, 4, 5, etc., lorsqu'il s'agira, bien entendu, d'une composition à un seul motif.

Un même motif peut s'appliquer de diverses façons sur un

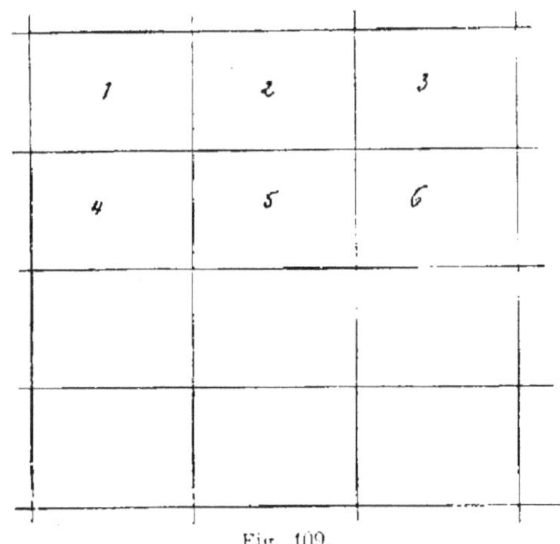

Fig. 109.

réseau, mais il faut éviter les vides mal équilibrés ou formant des lignes trop marquées dans un sens ou dans l'autre.

Pour bien faire comprendre les exemples que nous donnons, nous prendrons un même motif (*fig.* 110) et nous l'établirons de diverses façons sur le réseau.

Dans les exemples, nous laisserons, sur une partie du dessin, le tracé du réseau indiqué par un pointillé *a*, *b*.

On saisira mieux ainsi l'agencement des raccords.

La décoration d'une surface à motifs raccordés nécessite souvent, il ne faut pas se le dissimuler, d'assez longues recherches.

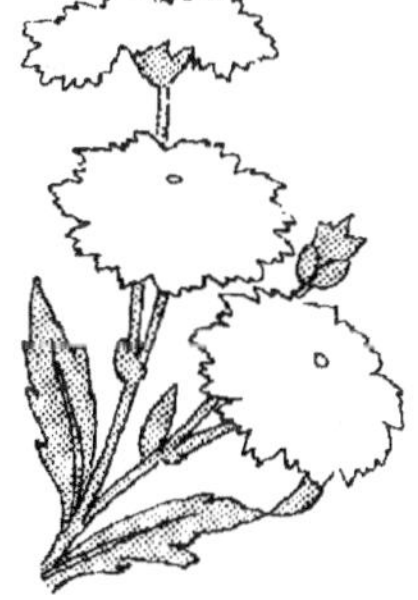

Fig. 110.

On ne juge de l'effet et on ne s'aperçoit des défauts que lorsque le motif est répété dans plusieurs réseaux.

Il faut parfois alors modifier ce motif, en changer la direction, retrancher ou ajouter des éléments, remplir des vides, couper des lignes trop rigides, etc.

Passons aux exemples :

La figure 111 est l'agencement tel quel du motif 110.

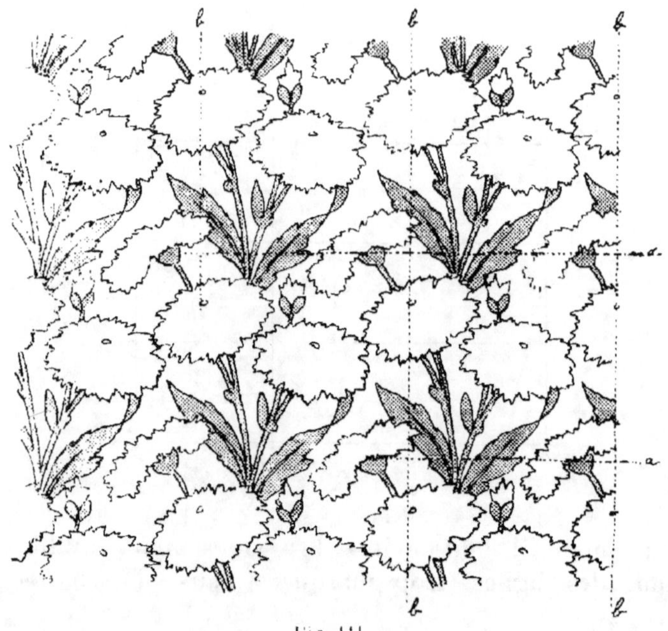

Fig. 111.

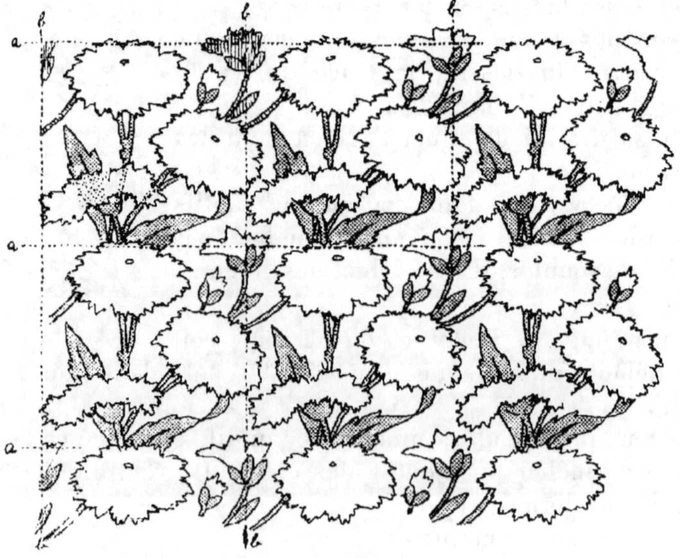

Fig. 112.

Dans la figure 112, nous avons changé la disposition du motif sur le réseau, ce qui nous a entraîné à ajouter un élément et à en masquer en partie un autre. L'élément ajouté est, dans le réseau 1, indiqué par un grisé ; la partie masquée est indiquée par un pointillé.

Le même motif peut s'arranger très bien dans un carreau de telle dimension et faire mauvais effet dans un carreau de telle autre ; de même, la façon de le poser sur le réseau influe sur l'harmonie du dessin.

Nous donnons un exemple (*fig.* 113) qui est volontairement

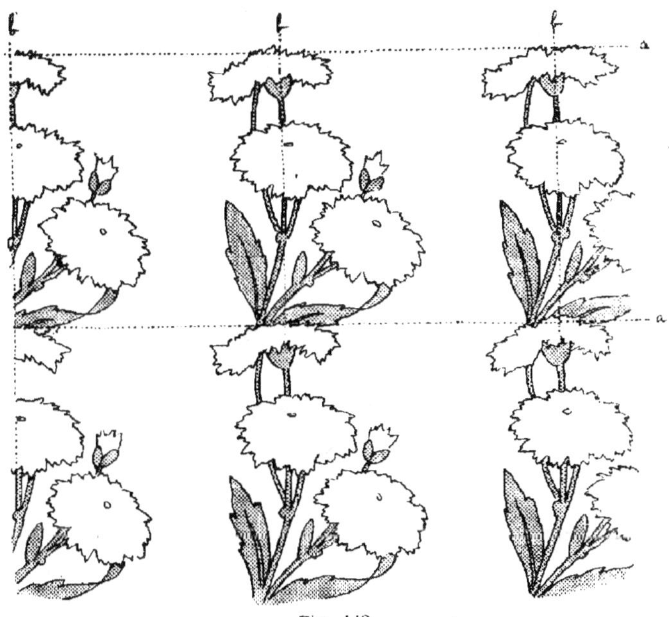

Fig. 113.

défectueux, en tant que raccords de surfaces. Les réseaux sont trop grands, le motif y est mal posé, ce qui produit : 1° de grands vides ; 2° des lignes verticales.

Il est des cas où on fait volontairement des lignes, ce qui donne l'aspect d'un dessin fait de rayures ornées ; ceci n'est plus alors un raccord de surface mais une série de frises (voir ch. II, II° partie) répétées à intervalles réguliers.

Qu'on agence des motifs réguliers ou irréguliers de fleurs

ornementales, de feuillages décoratifs ou de fleurs et feuilles naturelles, les principes restent les mêmes.

Lorsque la surface à décorer est indéterminée, tout au moins lorsqu'on n'a pas à se renfermer dans des mesures données, on peut choisir la grandeur et le nombre des réseaux à sa convenance ; mais quand les mesures sont absolues, comme dans la plupart des applications industrielles (dentelles, étoffes, etc.), il faut renfermer son réseau dans ces mesures.

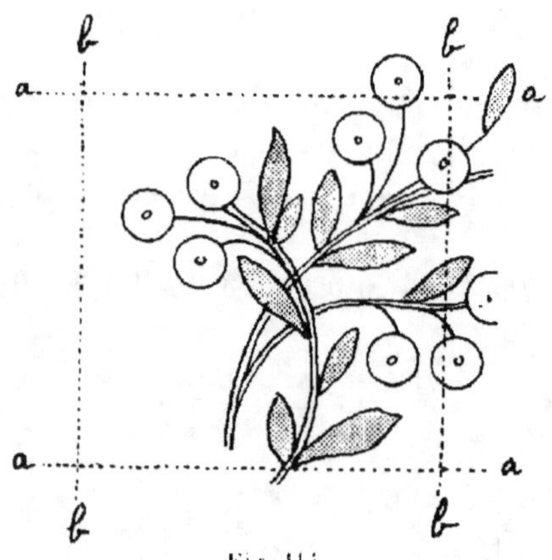

Fig. 114.

Le nombre des carreaux à tracer est subordonné, bien entendu, à l'importance des motifs et à leur nombre.

Nous avons dit que, suivant les motifs, le réseau peut être

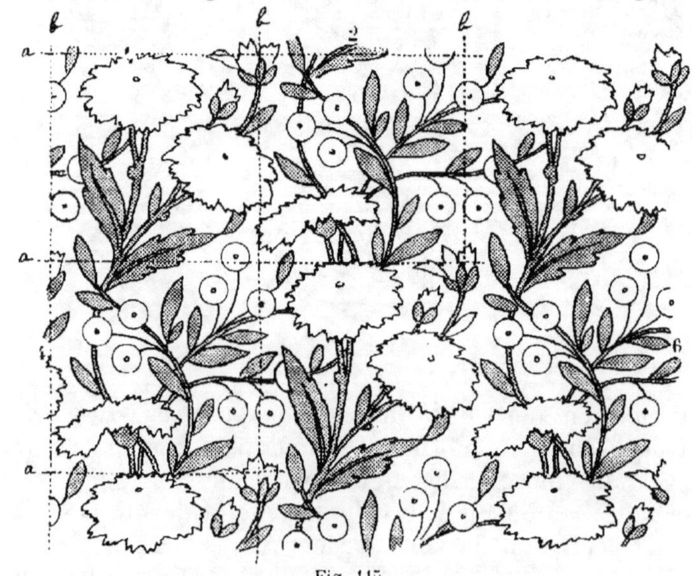

Fig. 115.

composé de rectangles horizontaux ou verticaux.

Le raccord de surface peut comporter un ou plusieurs motifs

de même importance ou être combiné avec un motif principal et des motifs accessoires.

Prenons toujours le motif de la figure 110.

Plaçons-le dans les réseaux 1, 3, 5, et ainsi de suite. Nous chercherons ensuite un motif complémentaire (*fig.* 114) pour remplir les vides des réseaux 2, 4, 6, etc., et nous obtiendrons par ce moyen une composition très riche d'ornementation et très différente des précédentes (*fig.* 115).

Tout ce que nous venons de dire se rapporte au *raccord droit*.

Le *raccord en sautoir* ne diffère que par l'agencement du réseau combiné de telle sorte que chaque carreau, au lieu d'être sur la même ligne que son voisin, a sa base à la moitié de la hauteur du carreau suivant. Le réseau en sautoir peut être

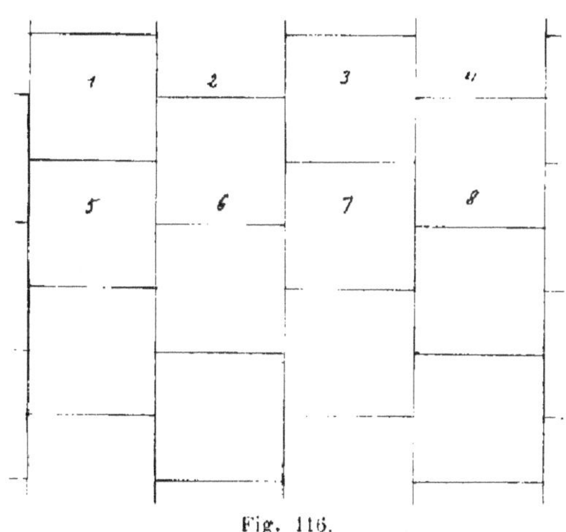

Fig. 116.

carré comme dans la figure 116, ou rectangulaire comme dans la figure 117.

Le mode de composition reste le même. Il consiste à répéter le motif initial après avoir bien établi les points de croisement et de jonction reportés dans les autres carreaux (*fig.* 118).

Les dessins à raccords en sautoir sont plus délicats à chercher, mais les principes déterminés plus haut au sujet des raccords droits sont les mêmes, aussi bien pour ce qui est à observer que pour ce qu'il faut éviter.

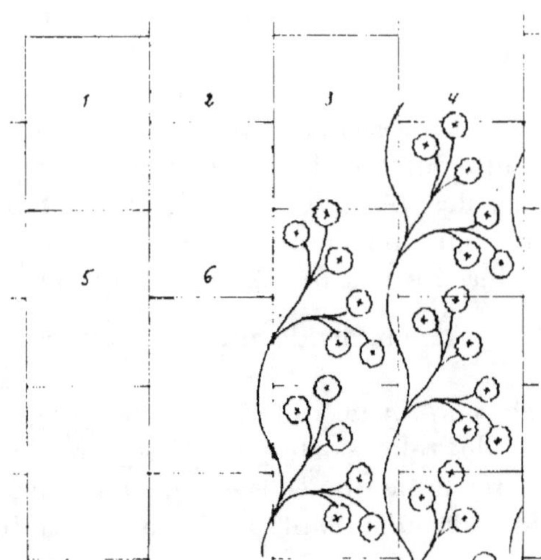

Fig. 117.

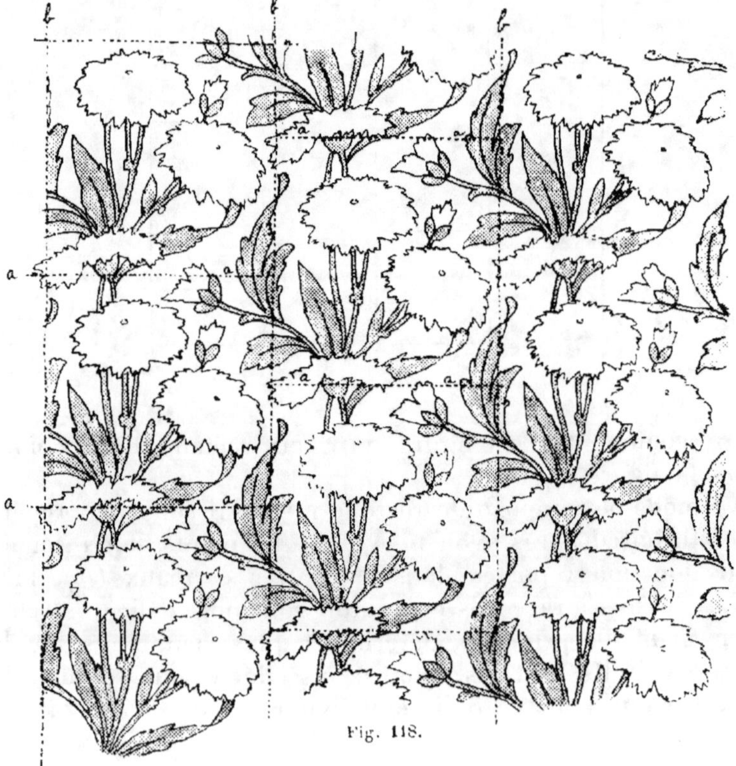

Fig. 118.

Les règles données pour les raccords de bordures à plusieurs motifs s'appliquent également aux raccords de surface.

1ᵉʳ Devoir. — Établir une composition à raccords droits :
1º avec un seul motif;
2º avec deux motifs d'importance égale;
3º avec un motif principal et un motif accessoire.

2ᵉ Devoir. — Composer un dessin à raccords obliques :
1º avec un seul motif;
2º avec un motif alterné dans les deux sens.

3ᵉ Devoir. — Composer, avec raccords en sautoir :
1ᵘ un dessin à un motif;
2º un dessin à deux motifs alternés.

CHAPITRE VI

Semis et jeux de fond.

Les *jeux de fond* et les *semis* ont pour but d'enrichir une surface.

Ils se construisent sur réseaux; le principe est donc le même, pour leur établissement, que celui des raccords de surfaces expliqués au chapitre IV.

La différence entre les dessins en raccords de surface et les semis et jeux de fond consiste en ce que les premiers forment par eux-mêmes une ornementation unique, tandis que les semis et jeux de fond servent généralement à meubler une surface sur laquelle on peut faire dominer des motifs principaux.

Dans ce cas, les jeux de fond doivent être simples et s'atténuer, en quelque sorte, pour laisser toute la valeur au motif principal.

Les jeux de fond et les semis peuvent varier à l'infini. Par les silhouettes (*fig.* 119, A), ou par les valeurs (*fig.* 119, B), on en change l'aspect. (Le réseau est indiqué par R.)

Dans certains cas, et suivant l'effet qu'on veut obtenir, on laisse le réseau qui concourt alors à l'ornementation (*fig.* 120, A), ou l'on n'en garde que des fragments (*fig.* 120, B):

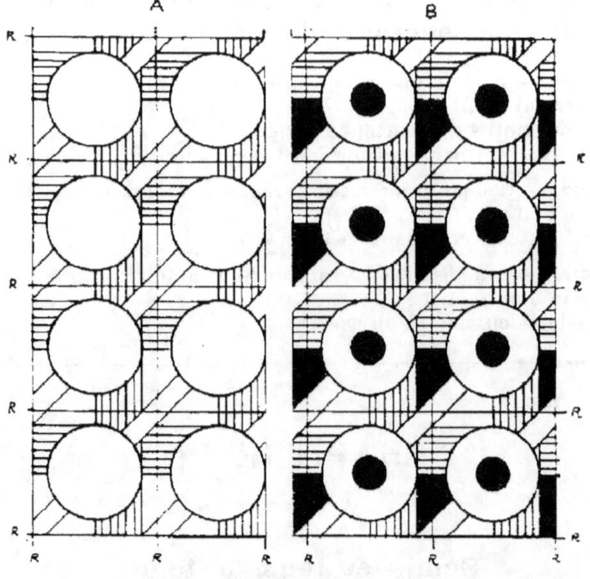

Fig. 119. A et B.

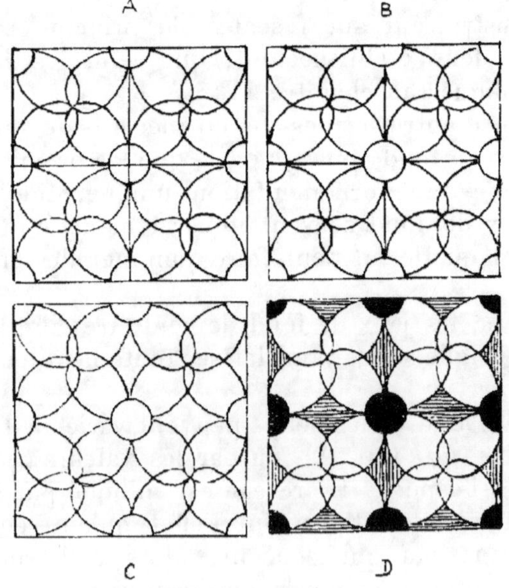

Fig. 120. A, B, C, D.

on le supprime tout à fait (*fig.* 120, C), ou on le dissimule
par les valeurs (*fig.* 120, D).

Toutes les combinaisons sont admises, à la condition qu'il y
ait toujours la préoccupation d'un système régulier.

Lorsque les motifs sont écartés les uns des autres, *semés*

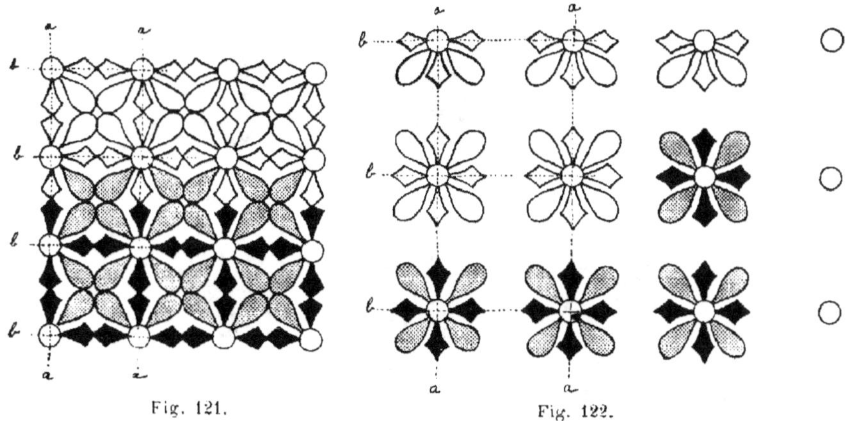

Fig. 121.　　　　　Fig. 122.

sur le fond à distances régulières, ils constituent le *semis*.
Lorsqu'ils se touchent ou se raccordent, ils deviennent *jeux
de fond*.

Exemples : Avec le même motif, nous composons un jeu de
fond (*fig.* 121) et un semis (*fig.* 122). Dans ces exemples et

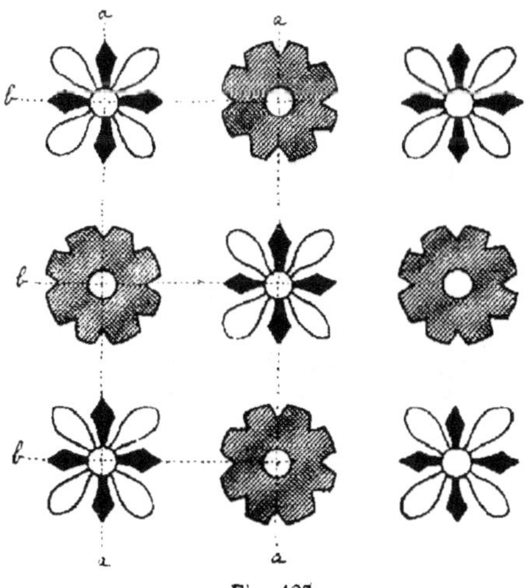

Fig. 123.

ceux qui suivent, le réseau est indiqué par une ligne poin-
tillée *a, b*.

Les motifs d'un semis ou d'un jeu de fond peuvent être

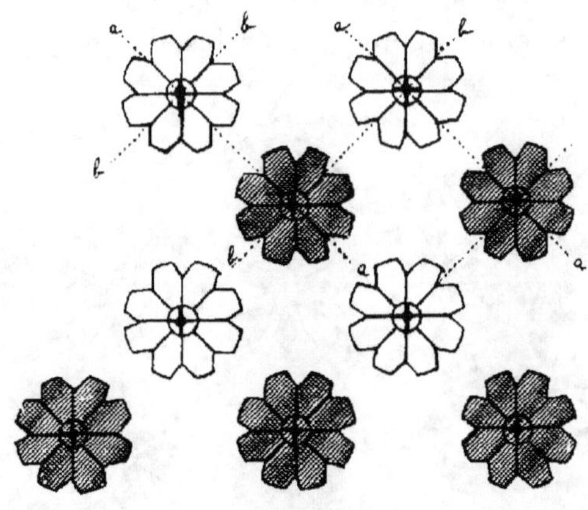

Fig. 124.

semblables, comme dans les figures 119, 120, 121, 122, ou
alternés, comme dans la figure 123.

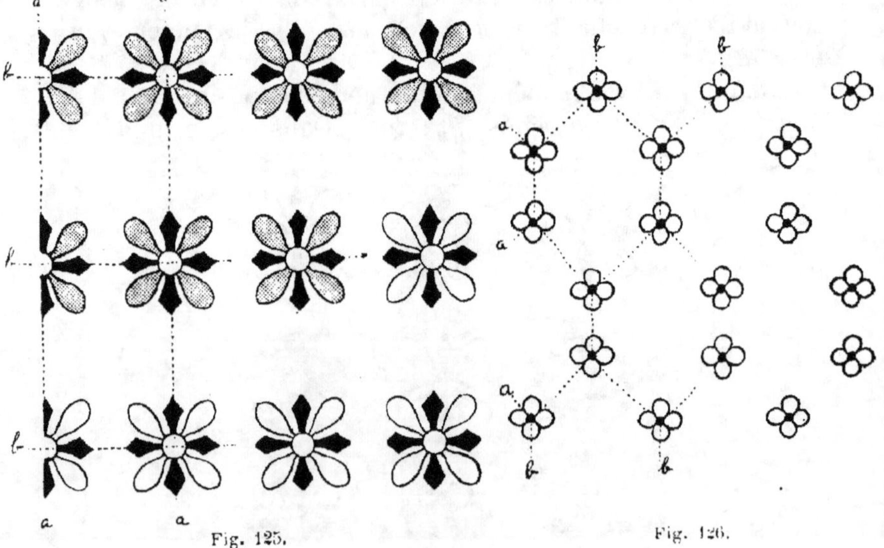

Fig. 125.   Fig. 126.

Les réseaux peuvent varier : être en losanges (*fig.* 124),
en rectangles (*fig.* 125), polygonaux (*fig.* 126).

On peut combiner l'ornementation d'une surface par un jeu
de fond dans lequel vient s'intercaler un semis.

Dans la figure 127, tout le dessin au pointillé forme le jeu

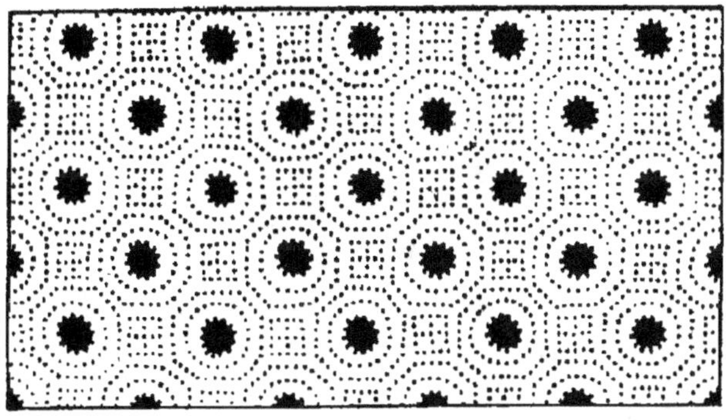

Fig. 127.

de fond ; la petite étoile noire se répétant à intervalles réguliers est un semis.

Les semis et les jeux de fond, nous l'avons dit, peuvent

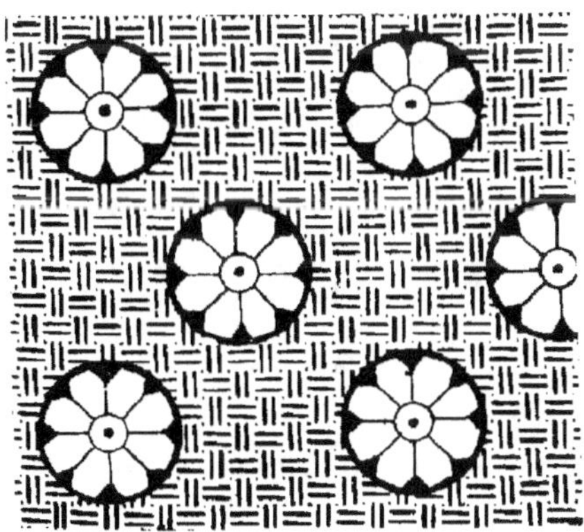

Fig. 128.

s'employer seuls pour ornementer une surface nue ou servir à
enrichir des espaces déjà décorés.

La figure 128 est un *semis* sur un jeu de fond.

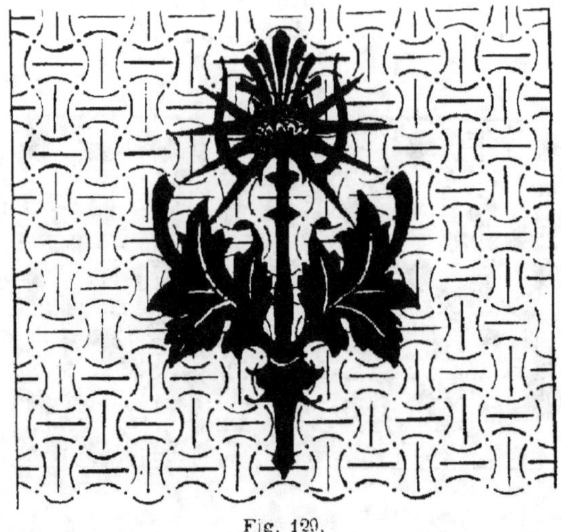

Fig. 129.

La figure 129 est un *motif* sur un jeu de fond.

1er Devoir. — Établir sur des réseaux divers qu'il faudra chercher d'abord :
1º des semis simples;
2º des semis à motifs alternés.

2e Devoir. — Trouver des jeux de fond pour une composition de semis simples, puis pour une composition à semis alternés.

Composer un dessin à motif unique se détachant sur un jeu de fond.

CHAPITRE VII

Décorations suivant les formes de surface.

Nous venons de donner les divers moyens d'agencement de motifs pour des compositions décoratives : frises, bordures, panneaux, etc.

Souvent, il faut procéder à la décoration d'une surface de forme déterminée : forme régulière ou irrégulière, simple ou compliquée; écoinson, étoile, croissant ou à formes parfois baroques.

L'ingéniosité du décorateur doit ici se révéler, car le problème à résoudre est souvent difficile.

Il est deux grands principes pour ce genre de décoration :

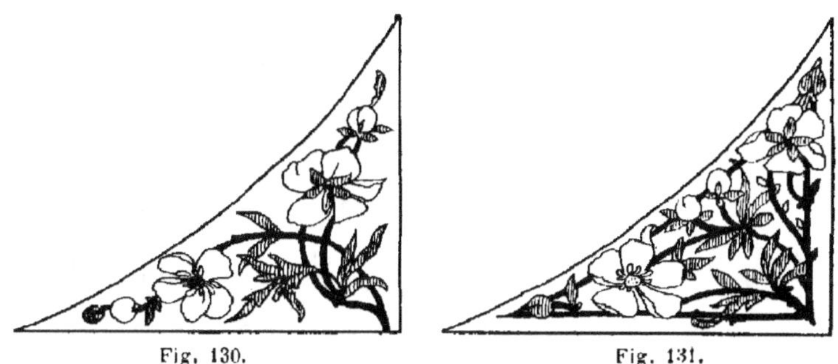

Fig. 130.   Fig. 131.

1° Se servir de motifs combinés de telle sorte qu'ils contrarient les lignes extérieures (*fig.* 130);

2° Combiner l'ornementation de façon à lui faire remplir,

Fig. 132.

en les suivant, les contours de la forme extérieure (*fig.* 131).

On peut user ici du renversement (*fig.* 132) et de la répétition, ou employer des motifs indépendants. Pour nous faire bien comprendre, nous emprunterons la fleur (*fig.* 87, B) que nous agencerons dans diverses formes et de diverses façons.

Il existe un genre de répétition *irrégulière*, qui consiste à répéter en grandeurs différentes, suivant la forme à remplir, le motif choisi. Supposons un triangle : le motif d'ornementation touchera le sommet, ira en diminuant vers les angles et en se modifiant suivant les besoins (*fig.* 133).

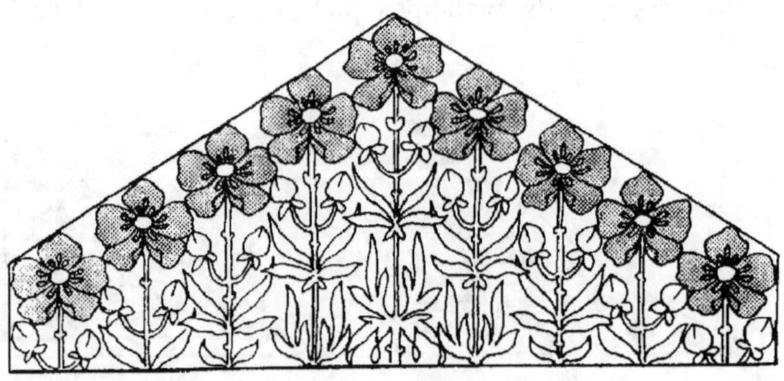

Fig. 133.

Dans une forme irrégulière, le système peut être le même. L'ornementation de surfaces, dans des formes données,

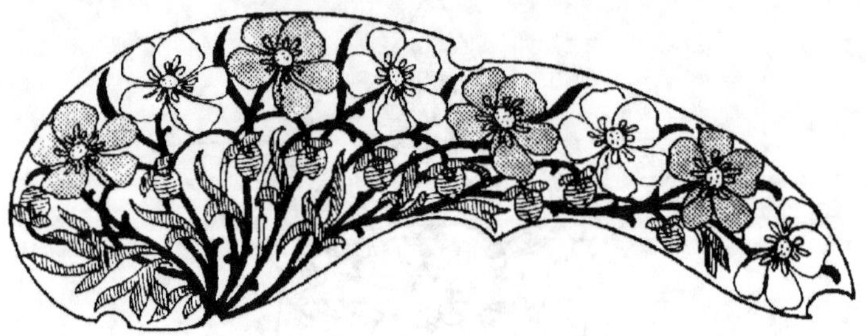

Fig. 134.

peut être symétrique, comme dans les figures 132 et 133, ou asymétrique, comme dans les figures 130, 131 et 134.

Devoir. — Indiquer *d'abord* des formes diverses, régulières et irrégulières. Les ornementer ensuite : 1° en contrariant les lignes de contour; 2° en suivant ces lignes.

Nota. — Pour ce devoir, nous insistons sur la nécessité d'indiquer, *avant tout*, le contour, puisque le but est de s'exercer à décorer une surface quelle qu'en soit la forme. Le professeur pourra donc lui-même imposer les formes à orner.

TROISIÈME PARTIE

CHAPITRE PREMIER

Sur les diverses applications de l'art décoratif.

Dans les deux premières parties de ce traité, nous nous sommes efforcé de donner toutes les indications utiles pour la composition des dessins décoratifs et les agencements qu'il est indispensable de connaître : renversements, répétitions, raccords, etc., qui *sont invariablement employés* quelle que soit leur destination.

Qu'il s'agisse d'enluminure, d'illustrations décoratives, d'encadrements; qu'il soit question d'applications industrielles : dentelle, tapisserie, broderie, papier peint, etc., le système de répétition et les raccords surtout restent immuables.

Nous allons maintenant passer rapidement en revue divers procédés et voir les différences à apporter dans l'indication d'un dessin suivant chacun de ces procédés.

Une composition destinée à être reproduite par tel procédé devra subir certaines variantes pour être reproduite par tel autre.

Certains de ces procédés offrent des ressources que d'autres n'ont pas. Il en est qui permettent toutes les fantaisies et toutes les complications ; d'autres qui demandent des simplifications ou nécessitent des combinaisons spéciales.

On ne pourrait, par exemple, exécuter à la soutache ou en tapisserie, sans y apporter de larges modifications, un dessin composé pour la broderie ou l'enluminure. Pour bien faire comprendre ces différences, nous donnerons par la suite dans un chapitre spécial *un exemple type* que nous transformerons *pour chaque procédé*.

Il va sans dire que nous ne nous occuperons que de la *composition* et du *dessin* proprement dits, et non de la question *exécution matérielle*.

Nous ne pouvons faire un traité pour chaque procédé : pyrogravure, cuir repoussé, dentelles, broderies, etc., etc. Chacun d'eux a été développé dans des traités spéciaux au point de vue outillage, moyens et modes d'exécution. Nous nous bornerons à indiquer succinctement les particularités qui différencient chaque procédé et obligent le dessinateur à varier sa façon de faire pour l'adapter au moyen de reproduction en vue duquel il l'a conçu.

Il faut bien se dire que, si tous les procédés d'exécution ont leurs exigences, tous présentent aussi leurs caractères spéciaux. Le talent de l'artiste qui crée les modèles consiste, précisément, à profiter de leurs particularités pour faire des compositions originales.

A la condition de se renfermer dans les exigences de chaque procédé, on peut se livrer à toute sa fantaisie.

CHAPITRE II

Travaux à l'aiguille : broderies, dentelles, etc.

Sous ce titre, nous comprenons non seulement les travaux qui s'exécutent avec l'aiguille, comme certaines broderies, mais ceux qui nécessitent d'autres « outils », comme la dentelle, la tapisserie, etc. Sous cette rubrique, nous renfermons, en somme, les travaux généralement dénommés : ouvrages de dames.

Broderies. — Il y a plusieurs genres de broderies : la plus simple, dénommée *broderie de blanc* ou *broderie anglaise*, demande des dessins simples et traités de façon à faire des *ajours*, c'est-à-dire des parties trouées dans le tissu, lesquels ajours sont, par la brodeuse, cernés d'un filet de broderie qui en dessine la forme.

Certaines de ces broderies, les plus simples, ne comportent même que des dessins

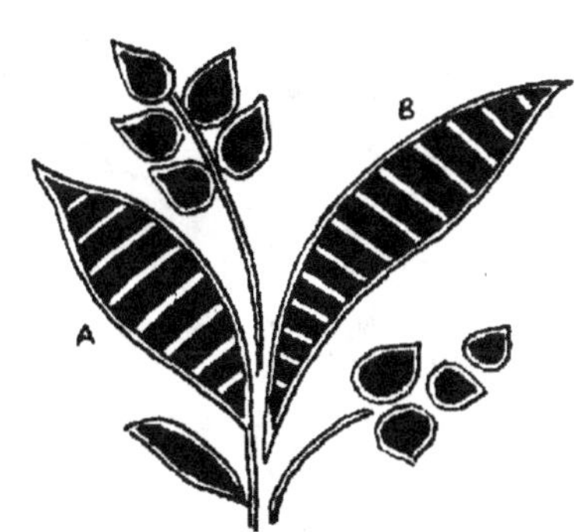

Fig. 135.

Fig. 136, A et B.

uniquement traités par ajours, ceux-ci de diverses formes, de dimensions variées et combinés en rosaces, gerbes, etc. (*fig.* 135).

Dans ce même genre de broderie, mais plus compliquée et permettant plus de fantaisie, les fleurs ou gerbes en ajours sont reliées entre elles par des motifs brodés.

Les dessins, quelque peu conventionnels, ne permettent que des contours simples ; les ajours seront agrémentés, lorsqu'ils prendront une certaine dimension, de petites barrettes pour les soutenir (*fig.* 136, A et B).

Les dessins s'indiqueront au trait, les parties à jour seront marquées en à plat.

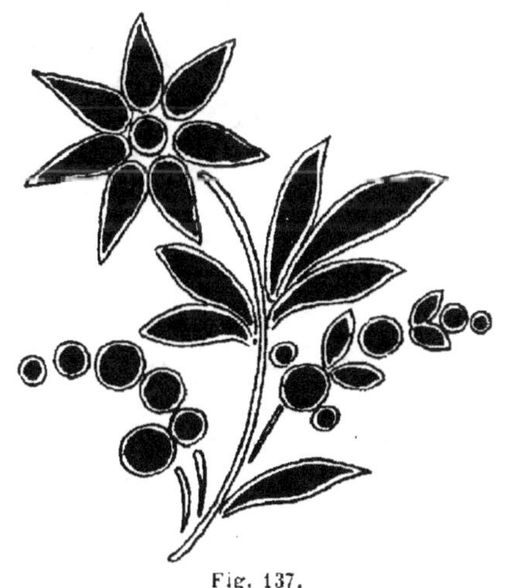

Fig. 137.

La broderie anglaise permet, outre les ajours, des parties

pleines. brodées en relief; le goût du dessinateur devra lui inspirer les combinaisons de pleins et d'ajours.

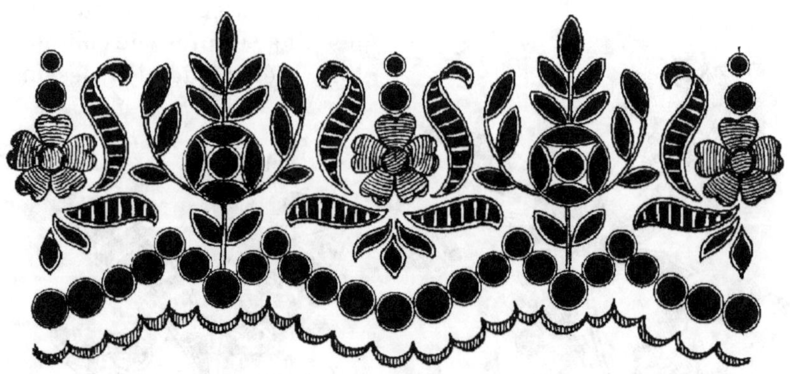

Fig. 138.

La figure 138 donne un exemple de bordure qui comporte les variantes que nous venons de citer.

D'autres broderies, comme le *point Gobelin*, autorisent des dessins plus compliqués, plus variés aussi; on évitera toute-

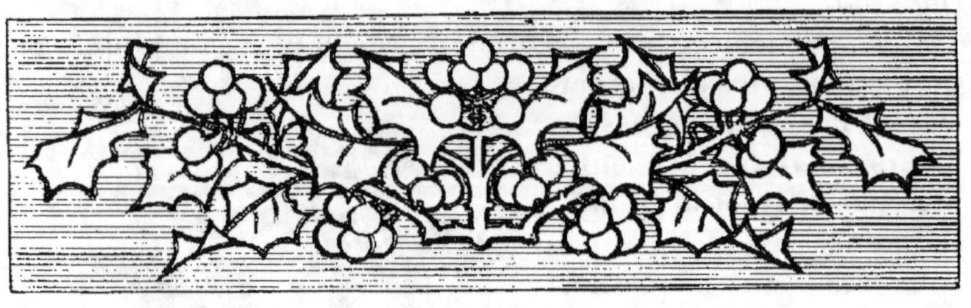

Fig. 139.

fois les menus détails dans les contours qui doivent rester à dentelures assez larges, cette broderie se faisant avec un sertissage qui suit tous les traits du dessin (*fig.* 139).

D'autres broderies encore demandent de la simplification dans les contours.

Le brodeur (ou la brodeuse) aura à les suivre exactement, mais apportera son interprétation personnelle pour le remplissage de ces contours dont il variera les points et les reliefs.

Le dessinateur devra seulement indiquer les parties pleines par un ton à plat et les parties en blanc par un trait simple ou double.

La broderie faite à l'aiguille, sur métier, comme les broderies chinoises ou japonaises, permet des dessins libres aussi compliqués de formes et de coloration qu'on voudra.

Les dessins à reproduire peuvent donc être exécutés librement.

Il va de soi que, lorsqu'il s'agit de bordures se continuant ou de surfaces à motifs répétés, les principes de raccords sont, ici *comme dans toutes les applications*, immuables.

Les broderies de toutes pièces, c'est-à-dire qui ne sont pas faites sur tissus, mais complètement exécutées par le brodeur pour servir soit de bordures, soit de festons ou même de pièces entières : cols, parements, etc., ont des exigences spéciales.

Il faut, naturellement, que tous les éléments du dessin se relient entre eux et que les espaces entre ces éléments soient comblés par des motifs accessoires, sans lesquels ces motifs ne pourraient, dans certains cas, se soutenir (*fig.* 140, A); il faut fixer ces motifs par des barrettes, par un quadrillé, ou par tout autre élément, qui devient, en somme, l'équivalent des jeux de fond que nous avons étudiés précédemment (*fig.* 140, B, 1, 2, 3).

Cette règle est absolue pour toute broderie ou dentelle non appliquée sur tissu.

Nous ne pouvons ici que donner des principes généraux sans entrer dans le détail de tous les genres de broderies. Ces principes restent les mêmes pour tous les genres qui varient surtout entre eux par le mode d'exécution et par le plus ou moins de détails.

Ces principes sont ceux-ci :

Bien équilibrer les motifs et les vides; chercher les formes de ces vides avec autant de soin que les formes des motifs eux-mêmes, puisqu'ils jouent un aussi grand rôle; garnir ces vides avec des détails accessoires variés et dont le plus ou moins de ténuité donnera des valeurs différentes (*fig.* 141).

S'il s'agit de broderies ou de dentelles à bords découpés,

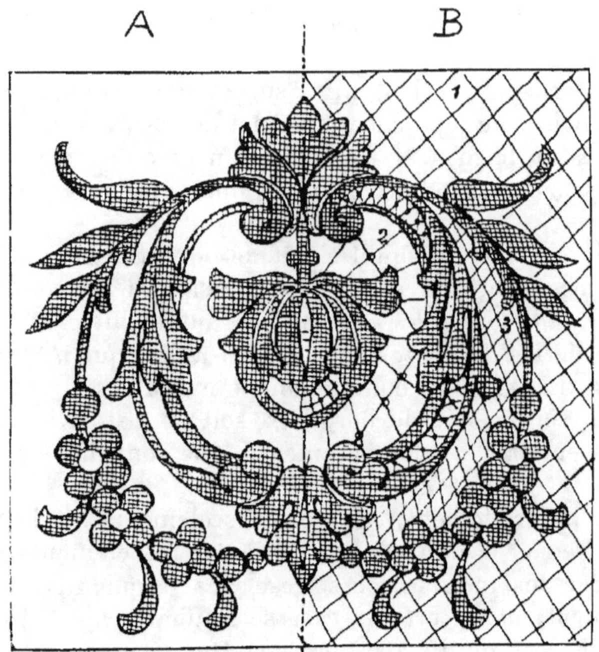

Fig. 140, A et B.

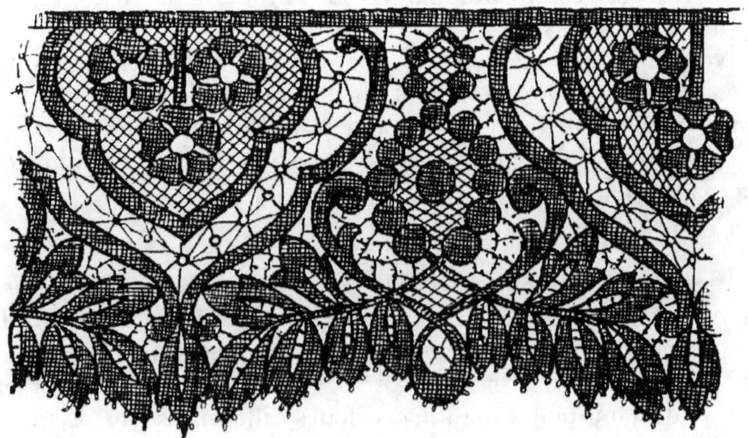

Fig. 141.

à festons extérieurs, il faut bien chercher la forme dentelée de ceux-ci.

Certaines sortes de dentelles sont appliquées sur tulle, ce qui permet des motifs séparés, semis, etc., et s'accommodent de toutes les fantaisies et de détails très ténus.

Toutefois, il ne faut chercher ni trop de modelés, ni trop de détails *intérieurs*.

Fig. 142.

Les silhouettes doivent être cherchées avec soin, non seulement dans l'ensemble des motifs réunis, non seulement dans chaque motif séparé, mais aussi dans chaque élément constituant ces motifs, et enfin, nous ne saurions assez le répéter, dans l'aménagement et la forme des vides et dans leur ornementation (*fig.* 142).

Dans un dessin d'ensemble, supposons, par exemple, un chemin de table, on peut marier plusieurs sortes de broderies ou de dentelles se faisant valoir les unes les autres, avoir des parties de dentelles à jour, d'autres sur tulle et enfin des broderies à l'aiguille.

Dans la figure 143, la bordure A et l'entre-deux B sont en dentelles à jour, ainsi que les motifs qui les relient. Les ronds du milieu sont en dentelles sur gros tulle ou canevas. Les

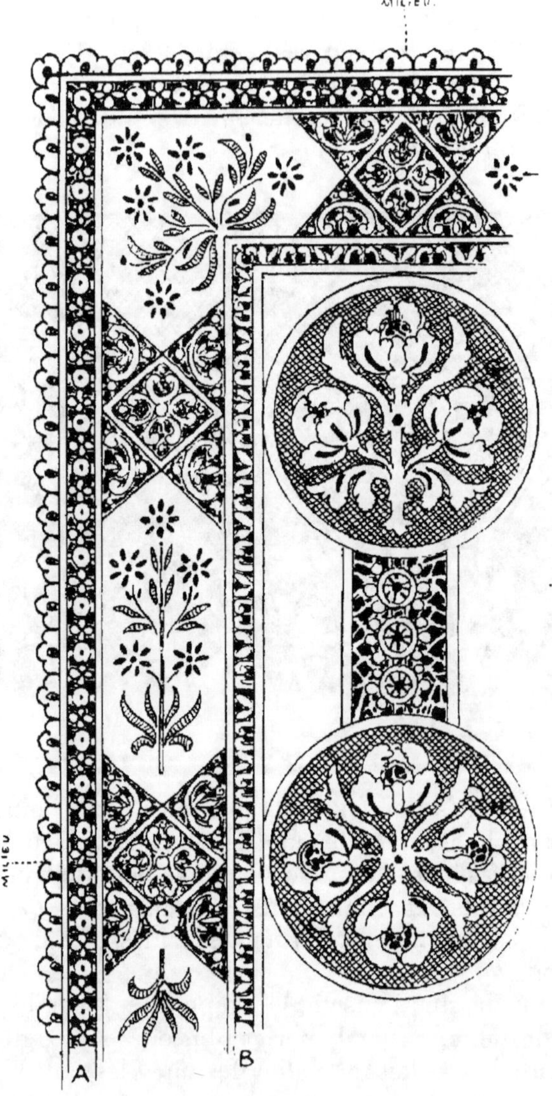

Fig. 143.

motifs sur fond blanc sont en broderies comme celles dont il
est parlé au début de ce chapitre.

1ᵉʳ Devoir. — Composer, pour la *broderie de blanc* ou broderie anglaise :
1º une frise ;
2º une bordure ;
3º un dessin de surface.

2ᵉ Devoir. — 1º Composer deux sujets de broderie dont les motifs seront soutenus par des éléments divers, jeux de fond variés.
2º Composer une bordure à bords dentelés en suivant les mêmes indications.
3º Composer une surface mi-partie dentelle à jours et mi-partie broderie.

Tapisserie sur canevas. — Broderie sur toile.

Les dessins, pour ce genre de travaux, doivent être compris de façon toute spéciale.

Ils seront composés de lignes droites (verticales, horizontales et obliques) à l'exclusion de toutes lignes courbes.

Il faut établir la construction de ces dessins sur quadrillés à mailles plus ou moins serrées.

Pour la tapisserie, ou broderie sur canevas, les compositions sont faites uniquement de carrés juxtaposés les uns aux autres et posés sur les mailles du canevas.

S'il s'agit d'un travail dont l'exécution sera d'un seul ton, il suffira de remplir au noir (ou avec un ton conventionnel) les carrés qui composeront le dessin (*fig.* 144, A).

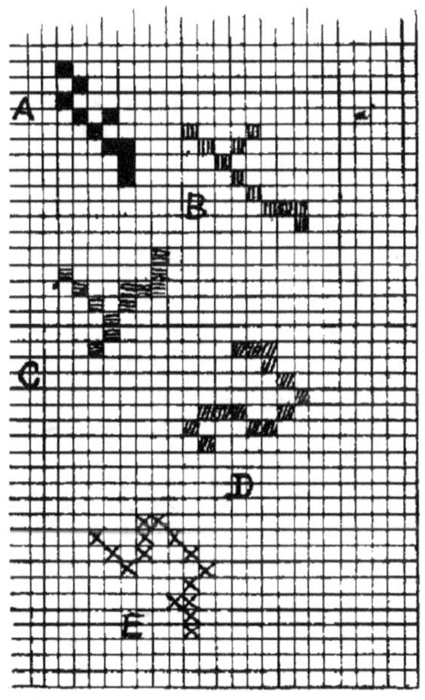

Fig. 144, A. B, C.

Si on veut des gradations de nuances, on les indiquera par le plus ou moins d'intensité du ton choisi pour l'exécution du dessin ou par des grisés conventionnels : le grisé vertical (*fig.* 144, B), par exemple, indiquera le bleu : l'horizontal C,

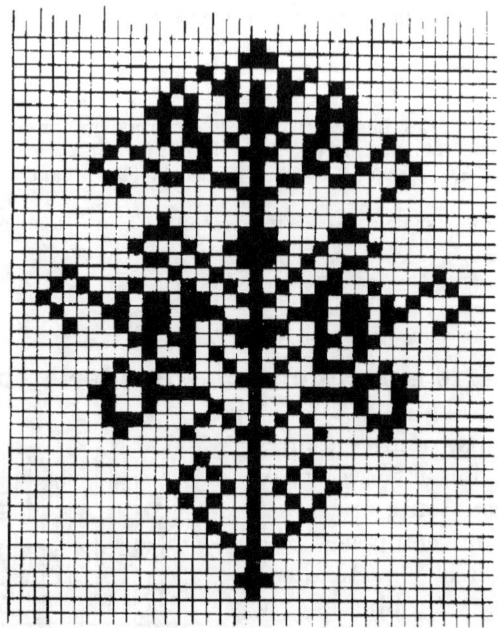

Fig. 145.

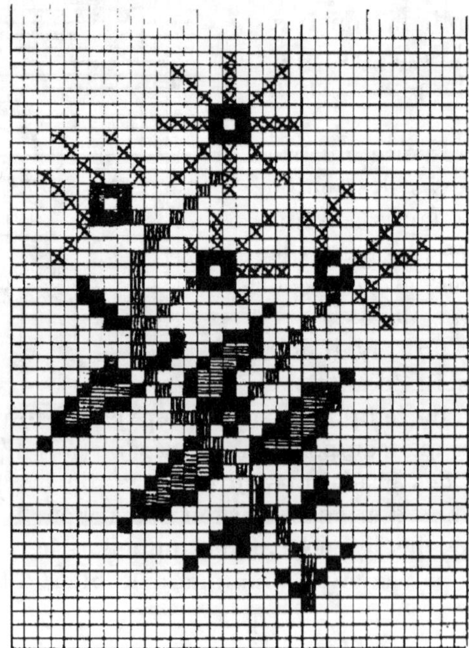

Fig. 146.

le vert; le diagonal D, le rouge; une croix, le jaune, etc.

Le plus simple est encore de prendre les tons eux-mêmes pour ces indications.

Nous donnons un exemple en un ton (*fig.* 145) et un exemple en plusieurs tons (*fig.* 146).

Bien que ce procédé soit assez limité comme moyen, on peut néanmoins y adapter des compositions intéressantes.

Le dessin de broderie sur toile, tout en ne permettant que des lignes droites, présente néanmoins plus de ressources.

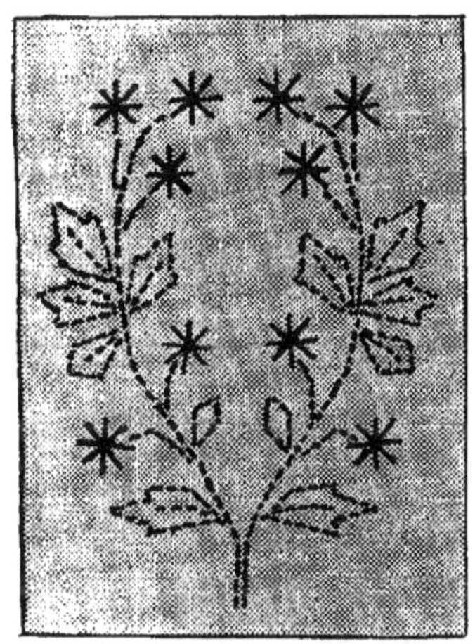

Fig. 147.

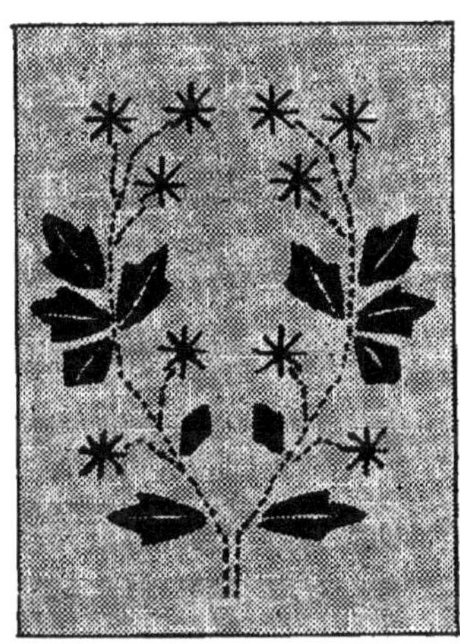

Fig. 148.

La toile n'est, en somme, qu'un canevas à mailles très serrées.

Les traits d'un dessin destiné à la broderie sur toile pourront être très courts, très brisés, très contournés, ce qui donnera à peu près l'aspect de courbes (*fig.* 147).

Il ne s'agit plus ici de carreaux seulement, mais de lignes, différence entre la broderie sur toile et la broderie sur canevas; comme ces derniers, ils pourront être en un ou plusieurs tons que le dessinateur indiquera.

Il pourra aussi comporter des parties pleines, c'est-à-dire des formes remplies par des plats (*fig.* 148).

1er Devoir. — L'élève aura à composer sur canevas, en un ton :
1° une frise avec raccord ;
2° un dessin à renversement asymétrique (suivant les indications du professeur).
Même exercice en plusieurs tons.

2e Devoir. — Composer sur canevas : 1° une frise avec raccord ; 2° un dessin à renversement ; 3° un dessin asymétrique.
Faire ce dessin d'abord en un ton, ensuite en plusieurs tons.

3e Devoir. — Pour la broderie sur toile, composer une frise avec coins, puis un dessin de surface : 1° avec un ton ; 2° avec plusieurs tons traités au trait et en à plat.

Nota. — Pour le dessin sur canevas, on emploiera du papier quadrillé à lignes rapprochées.

Soutache.

On appelle *soutache* le travail qui consiste à appliquer, en le cousant sur une étoffe, un galon plus ou moins large qui devra suivre tous les caprices d'un dessin composé exprès, et d'après les principes que nous allons indiquer.

Pour faire bien comprendre dès l'abord ce qu'est la soutache, donnons un exemple.

Tous, nous avons remarqué les dolmans d'officiers de cavalerie ; ces dolmans comportent dans le dos, sur les manches, etc., des enroulements brodés ou semblant tels. Ces enroulements sont *soutachés*.

Pour qu'un dessin, fait en vue de la soutache, soit dans les conditions voulues, il est indispensable que ce dessin soit combiné avec un, deux ou trois traits au plus, se continuant sans s'interrompre dans le cours du dessin. S'il fallait employer pour ce travail une série de petits morceaux de galons, cela deviendrait très long d'abord, très laid ensuite à cause de toutes les coutures, puis, le *caractère* de ce genre de travail n'existerait plus.

Il faut donc un, deux ou trois traits courant en tous sens, se croisant, festonnant sans discontinuer, tel un sentier de labyrinthe.

Cette façon de faire nécessite, par conséquent, des recherches spéciales, des combinaisons adroites pour ne pas déformer un motif tout en restant dans les règles que nous venons d'exposer.

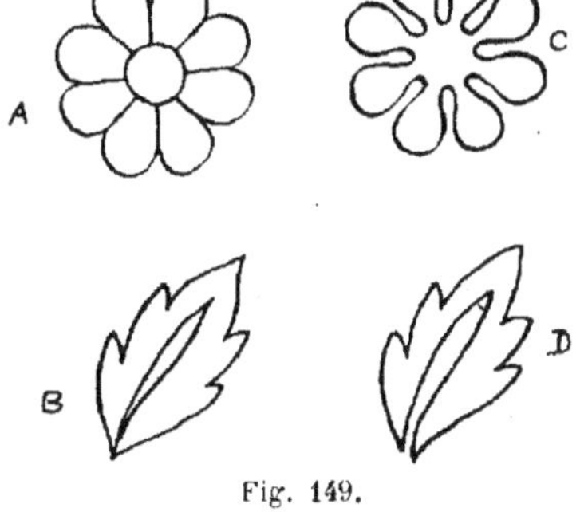

Fig. 149.

Certaines formes de fleurs, de feuilles, devront être simplifiées, modifiées pour les besoins de la cause. Ainsi une fleur, une feuille (*fig.* 149, A, et 149, B), modifiées pour la soutache, auront un autre aspect (*fig.* 149, C, et 149, D).

Ces modifications devront, bien entendu, s'écarter le moins possible de la forme réelle du sujet qu'on entend représenter.

Le dessin de soutache permet des dessins de frise à répétition tout aussi bien que des dessins à renversement.

Tout réside dans les combinaisons du trait sinuant en tous sens, accusant tous les contours, formant des dessins sans s'interrompre dans son parcours.

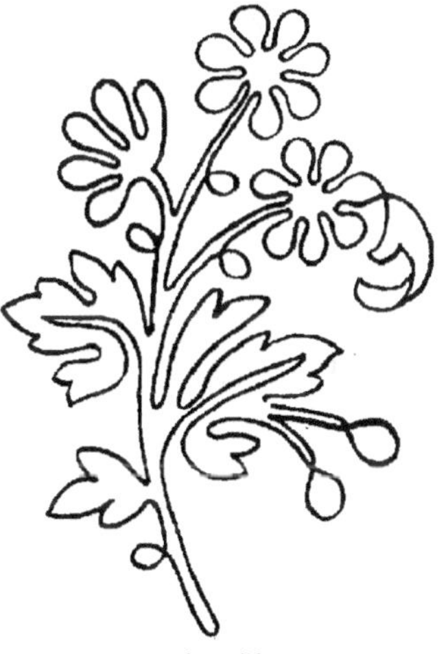
Fig. 150.

La figure 150 est à un trait et la figure 151 à deux traits dont l'un, pour qu'on comprenne bien, est indiqué au pointillé.

La figure 152 est à trois traits.

Lorsqu'on compose un dessin pour la soutache, il est inutile d'indiquer différemment chaque trait ; c'est à la « soutacheuse » qu'il appartient de décomposer chacun d'eux, chose facile, puisqu'il suffit de partir d'un point quelconque et de suivre le motif jusqu'au bout. On reprend ensuite un autre motif, puis le troisième. On voit l'importance, pour le dessinateur qui compose, de combiner son ou ses motifs sans interruption. Si nous avons, dans nos exemples, indiqué chaque trait par des signes différents, c'est uniquement pour

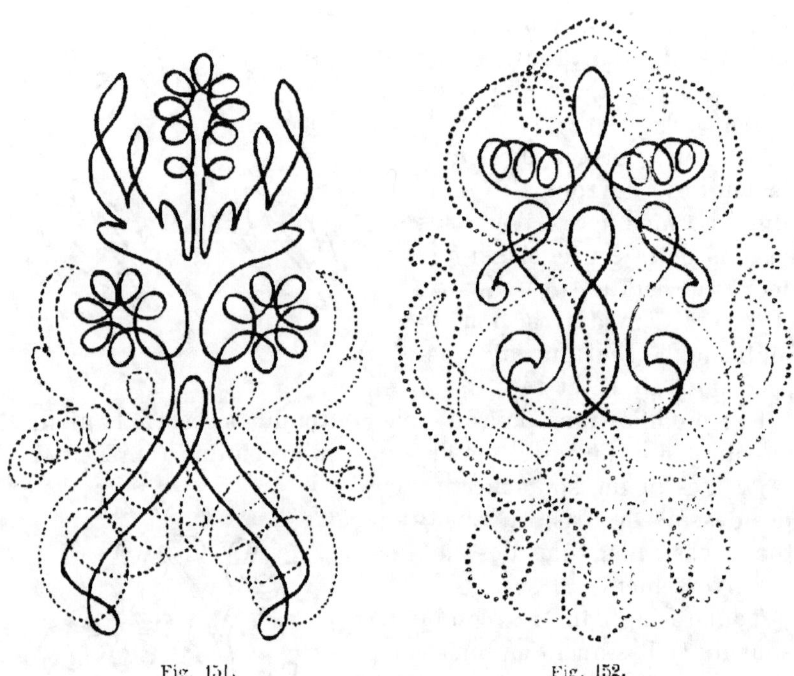

Fig. 151.   Fig. 152.

que l'élève comprenne bien et puisse suivre plus aisément chacun d'eux.

1er Devoir. — Étant donnée une fleur, une feuille, dessinée sans préoccupations d'un procédé, la transformer pour la soutache avec un seul trait courant.

2e Devoir. — Composer un dessin soutache à un trait; un dessin soutache à deux traits; un dessin soutache à trois traits.

CHAPITRE III

Pyrogravure.

La *pyrogravure* a pris, depuis quelques années, une grande extension ; on l'a appliquée à une foule de choses : décoration de meubles, bibelots de tous genres, cuir, étoffes, velours, etc.

On sait en quoi consiste ce procédé. A l'aide de pointes, de formes et de grosseurs diverses, rougies au feu, on incruste, en brûlant plus ou moins, tous les traits, tous les éléments d'un dessin ; on obtient même des gradations de ton à l'aide de pointes de formes spéciales faisant, en quelque sorte, l'office de pinceaux.

Généralement, le dessinateur est lui-même son « pyrograveur », c'est plus un travail d'amateur que de professionnel, et il n'est pas besoin d'études bien longues pour être maître

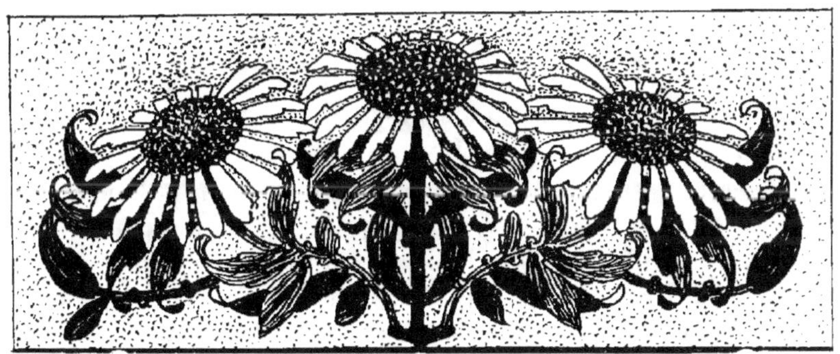

Fig. 153.

du procédé ; une initiation et quelques essais préalables suf-fisent. On se sert des pointes comme de crayons, l'élève qui aurait la déplorable habitude de mouiller son crayon sur la langue avant de s'en servir sera vite corrigé de ce défaut en faisant de la pyrogravure ; il lui en cuira, par exemple.

La pyrogravure permet des compositions à grands effets, mais il ne faut chercher ni trop de détails, ni trop de finesse, car le moyen d'exécution est quelque peu brutal.

Du trait plus ou moins large, du pointillé, des effets de noir et blanc, puis quelques teintes pour compléter, telles sont les conditions requises pour un dessin destiné à la pyrogravure (*fig.* 153).

Un dessin pyrogravé peut se colorier après coup, soit à l'huile, à l'aquarelle, ou à l'aide de couleurs spéciales ; mais ceci est une adjonction qui n'a rien à voir avec la pyrogravure proprement dite, dont le vrai caractère est de rester dans un seul ton et de garder l'effet obtenu par la brûlure plus ou moins profonde.

Devoir. — Composer un cadre avec motifs de milieu et motifs d'angle destiné à la pyrogravure.

Cuir repoussé.

Comme la pyrogravure, le *cuir repoussé* a tenté beaucoup d'amateurs et a pris place parmi les récréations artistiques.

Nous en parlons ici « pour mémoire », car il faudrait entrer dans de longs détails pour expliquer tous les moyens employés pour obtenir des effets divers.

On peut exécuter à peu près tous les sujets ; toutefois, il faut chercher surtout des œuvres claires, bien silhouettées, permettant des modelés, car les reliefs, les « repoussés », jouent un grand rôle dans le procédé qui nous occupe, et ces reliefs produiront d'autant plus d'effet qu'ils seront opposés à des parties planes, unies ou niellées de petits motifs en creux, jeux de fond, étoiles, stries, etc., etc., faits avec des fers spéciaux (*fig.* 154).

Nous ne voyons rien de spécial à noter pour l'exécution d'un dessin destiné à être reproduit sur cuir.

Devoir. — Composer un motif principal entouré d'un encadrement avec dessins pouvant s'exécuter en cuir repoussé.

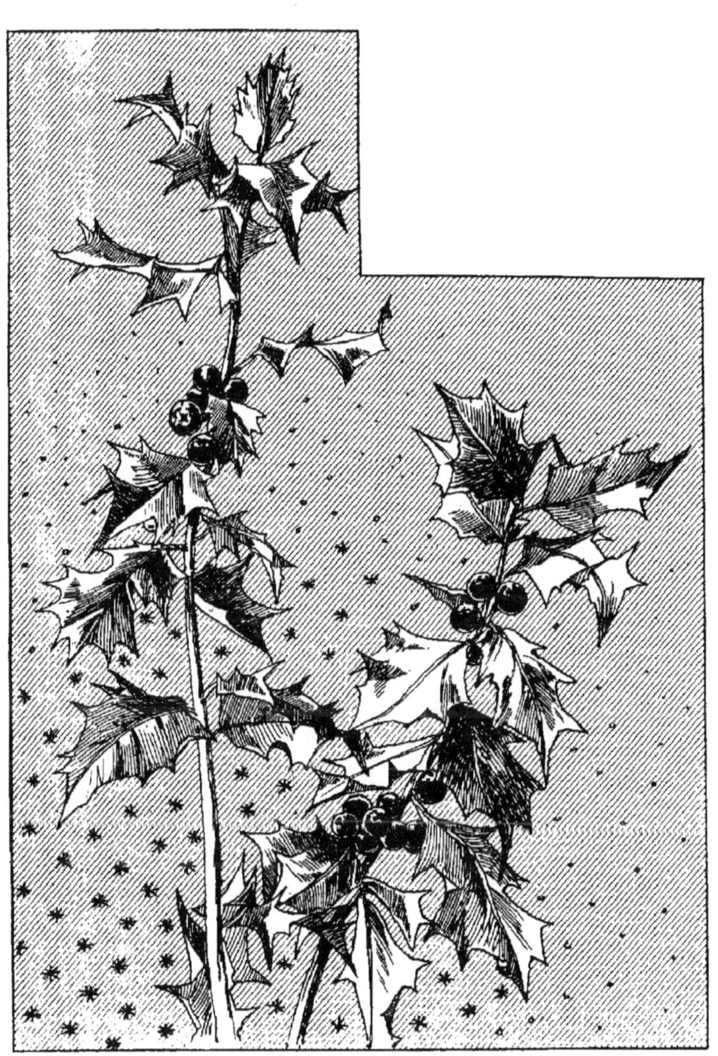

Fig. 154.

CHAPITRE IV

Pochoir.

Le *pochoir* est un des moyens les plus usités en décoration.

Il est rapide et permet des effets variés et de caractères spéciaux.

Depuis quelque temps il est devenu très à la mode. « Redevenu » serait mieux dire, car le procédé est des plus anciens.

Disons, en quelques mots, en quoi il consiste et, pour nous faire comprendre sans de trop longues explications, servons-nous d'un exemple.

Vous avez tous vu, certainement, les emballeurs marquer des caisses aux mots : « fragile », « dessus », etc., puis y appliquer des initiales ou des numéros, cela à l'aide d'une brosse imbibée de noir et frottée sur des plaques de cuivre dans lesquelles sont découpés à jour les chiffres, mots ou lettres à imprimer.

Ces plaques de cuivre sont des *pochoirs*.

En art décoratif, au lieu de lettres ou de chiffres, ce sont des motifs ornementaux, parfois relativement compliqués, que l'on découpe dans des plaques de cuivre mince, de zinc ou de gros papier bulle recouvert d'une ou deux couches de vernis gomme-laque.

Une des difficultés du pochoir, c'est la combinaison des *tenons*.

On nomme *tenons* les petites barrettes réservées pour soutenir les éléments d'un motif qui sans cela porteraient dans le vide ou plutôt ne porteraient plus.

Reprenons l'exemple donné pour les chiffres et les lettres dont nous parlons plus haut :

Certaines lettres peuvent se soutenir sans tenons, par exemple : C, F, H (*fig.* 155); pour d'autres, O, B, A, le ou les tenons sont indispensables (*fig.* 156).

Il est, en effet, bien évident que dans l'O et dans le B

et l'A les parties *A*, *A*, *A*, ne tiendraient pas si elles n'étaient

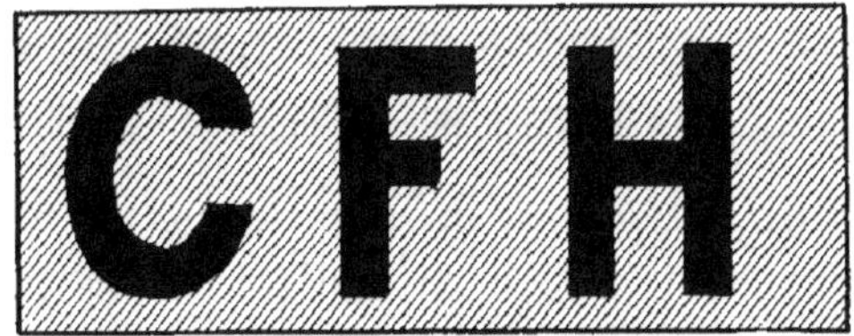

Fig. 155.

maintenues par les parties pleines *B*, *B*, *B*, *B*, qui sont des tenons.

Et il n'est pas que les parties qui resteraient dans le vide

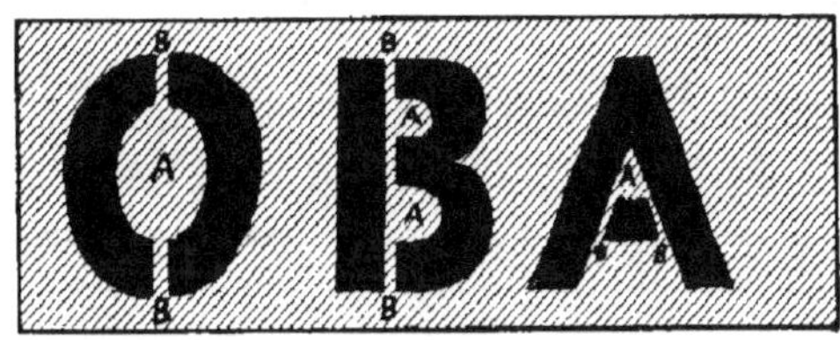

Fig. 156.

qu'il faut soutenir ainsi, mais encore celles qui, trop contournées, ne seraient pas assez solides pour résister longtemps ; car le pochoir, étant destiné à supporter le frottement accentué de la brosse, se déchirerait ou s'abîmerait vite s'il n'était combiné de façon à résister.

L'ingéniosité de composition d'un dessin de pochoir doit, en grande partie, résider dans la façon de placer les tenons.

Ainsi, reprenant les exemples donnés ci-dessus, on verra que les tenons peuvent y être réservés de plusieurs manières (*fig.* 157) :

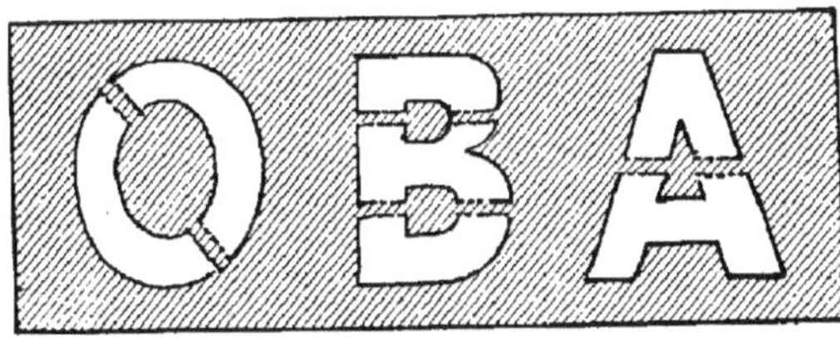

Fig. 157.

Ce qui est nécessaire pour les lettres et chiffres donnés comme exemples, l'est également pour tous motifs destinés à être reproduits au pochoir : ornements, feuillages, fleurs, etc.

Ne pas exagérer le nombre des tenons et les placer de façon à ce qu'ils ne déparent pas le motif.

Ne les faire trop étroits, trop rapprochés, ni trop anguleux, car ils risqueraient de casser au frottement du pinceau, puis la couleur passerait dessous, ce qui ferait tache.

Il est deux façons de comprendre le pochoir :

1° Pour s'en servir comme de moyen rapide pour certains genres de décorations à motifs répétés ou raccordés et destinés à être retouchés ensuite ou sertis d'un filet; dans ce cas à l'aide du pinceau on rebouche les vides laissés par les tenons dont la disposition alors n'a *uniquement* pour but que de soutenir les parties faibles et de rendre plus solide le pochoir, on peut les placer alors sans autre préoccupation que celle de la solidité.

L'exemple de la figure 158 A est avec les tenons.

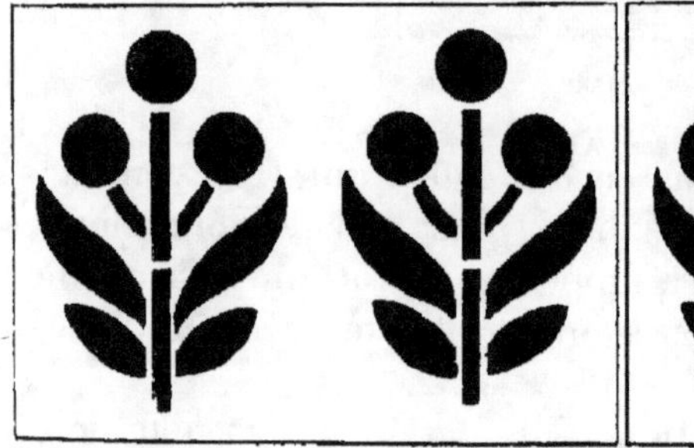 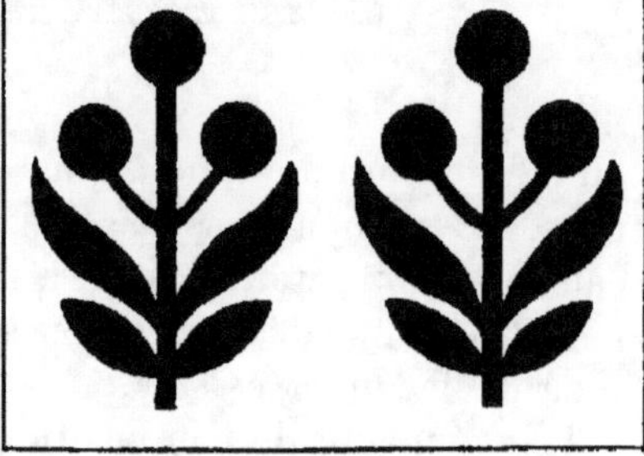

A   B
Fig. 158.

L'exemple de la figure 158 B avec les traces des tenons rebouchées.

2° Considérer le pochoir comme moyen de décoration à laisser tel quel, sans retouches.

Les tenons alors jouent eux-mêmes un rôle décoratif et leur disposition doit être très étudiée.

Loin de nuire à l'effet d'ensemble ils accusent, au contraire, le caractère de ce genre spécial de décoration.

Les règles à observer, pour un dessin de pochoir, sont celles-ci :

Avoir soin de bien poser les tenons; éviter les petits détails et les découpages trop anguleux; simplifier le plus possible et procéder par grands à plats et grands vides. Soigner surtout les contours, car le pochoir ne réside que dans la silhouette puisqu'il ne comporte guère de détails intérieurs (*fig.* 159).

Le pochoir peut se faire en un ou plusieurs tons.

Dans ce cas, il faut faire un pochoir pour chaque ton et se servir, pour leur application successive, de *points de repère;* on nomme *point de repère* le signe (point, croix, etc.) tracé au même endroit de chaque pièce d'un ouvrage pour pouvoir les juxtaposer bien à la même place (a, *b*, *c*, *d*, *fig.* 160).

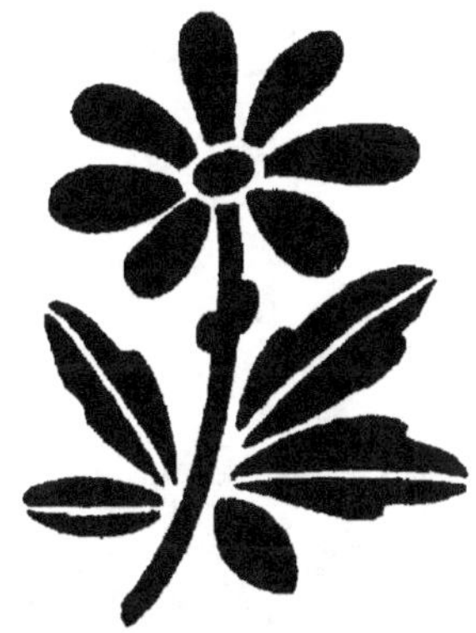

Fig. 159.

Voici comment il faut procéder. Nous supposerons que nous avons une décoration au pochoir en deux tons à exécuter.

Dans la figure 160, le noir A indique un ton (160[1]) et le grisé B, un autre ton (160[2]).

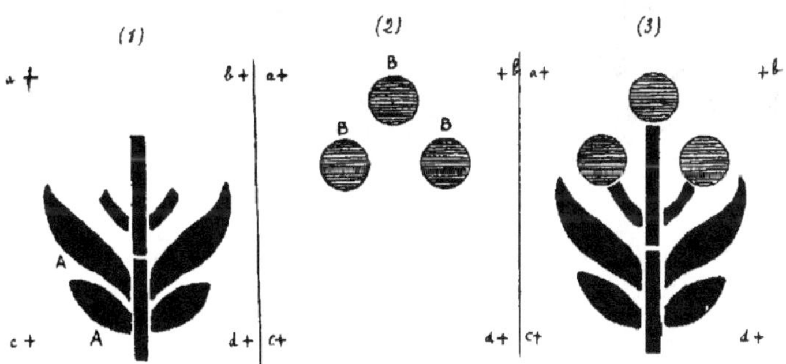

Fig. 160 (1). (2), (3).

Nous composerons notre dessin sur une seule et même feuille dans un seul ton d'ensemble qui comprendra les deux tons.

Nous placerons des signes (points de repère) à des endroits déterminés (a, *b*, *c*, *d*).

Puis nous procéderons à la confection de nos deux pochoirs, l'un pour le ton A, l'autre pour le ton B.

Nous aurons eu soin de calquer les points de repère *a*, *b*, *c*, *d*, que nous reproduirons aux mêmes endroits sur chaque pochoir.

Nous commençons par « pocher » tout notre ensemble A en reproduisant notre point de repère (160¹).

Nous procéderons ensuite à la reproduction du pochoir 160² en plaçant les points de repère de ce dernier *exactement* sur ceux du pochoir 160¹. Ce qui nous donnera la figure 160³.

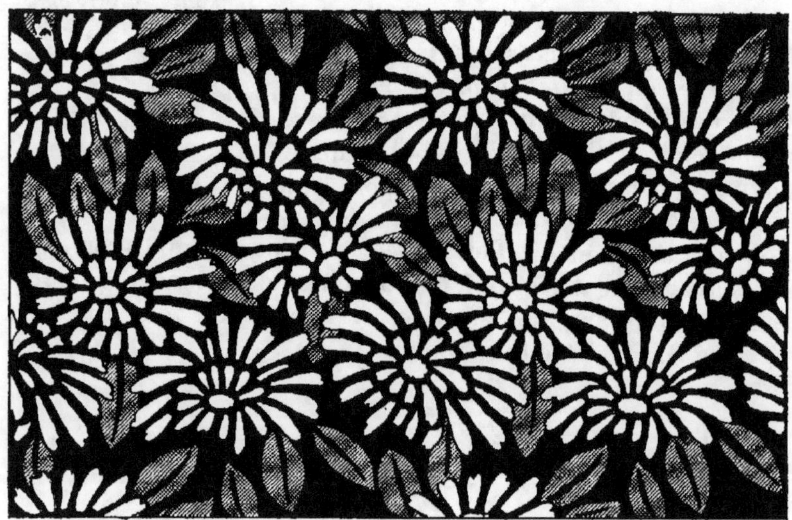

Fig. 161.

S'il s'agit d'un dessin en trois ou quatre tons, le procédé sera le même, le nombre de pochoirs seul augmentera et chacun d'eux portera les *indispensables* points de repère.

Nous donnons (*fig.* 161) un exemple de raccords de surface au pochoir en deux tons.

Lorsque le dessin est terminé, on efface les points de repère.

1ᵉʳ **Devoir.** — Composer pour être exécuté au pochoir en un ton :

1° un ornement unique ;
2° une branche, feuilles et fleurs stylisées ;
3° une frise à motifs en répétition ;
4° une bordure avec raccords.

2ᵉ Devoir. — Composer pour le pochoir en deux et trois tons :

1º une bordure avec coins;

2º une rosace.

En faire ensuite des pochoirs pour chaque couleur et les appliquer grâce aux points de repère.

NOTA. — Comme le découpage des pochoirs nécessiterait, dans certains cas, trop de dérangements et exigerait une installation spéciale; comme ensuite le maniement des outils à découper pourrait être dangereux pour de jeunes élèves, on pourra y suppléer en se servant de papier à calquer.

L'élève alors reproduira sur une feuille de calque tout ce qui constitue le pochoir d'un ton, puis sur une autre feuille le pochoir d'un autre ton. En appliquant les uns sur les autres, bien exactement, grâce au point de repère, chacun de ces calques, il se rendra compte de ce qu'est le jeu des pochoirs en plusieurs tons et le professeur jugera s'il a bien compris.

Le travail de découpage est accessoire, en ce qui nous concerne, puisque nous ne nous occupons ici que *du dessin* et non de la partie métier.

Ce découpage n'est plus, une fois un dessin composé, qu'une question de patience et d'adresse.

Il est bien entendu que, même si l'on procède par calques, on indiquera et on réservera bien exactement les *tenons* qui constituent, nous l'avons dit, un des caractères principaux du procédé qui nous occupe.

CHAPITRE V

Vitraux.

Les dessins de vitraux ont des règles particulières.

Si la caractéristique du pochoir réside en grande partie dans la disposition des *tenons*, celle des vitraux a la sienne dans celle des *plombs*.

On nomme *plombs* les petites lamelles destinées à soutenir les morceaux de verre constituant le vitrail.

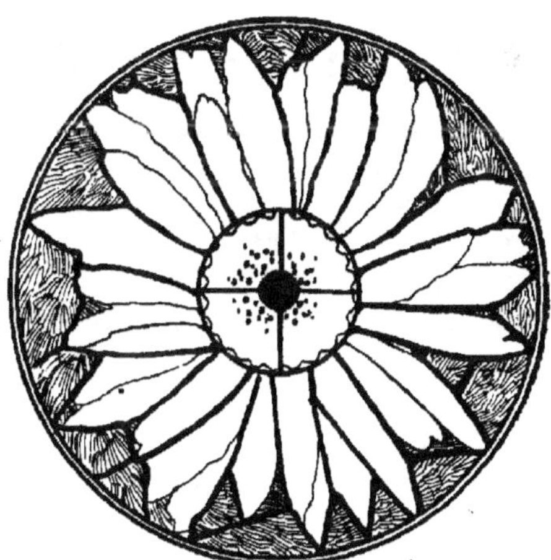

Fig. 162.

L'ensemble des plombs forme ce que, en terme de métier, on nomme *résille*.

Si la combinaison des tenons, dans le procédé du pochoir, demande de l'ingéniosité et du raisonnement, celle de la résille d'un vitrage en demande au moins autant.

Les plombs doivent encadrer, cerner, soutenir le dessin sans lui nuire, ni le déformer (*fig*. 162).

S'il est plusieurs façons de disposer des tenons, il est maintes manières de combiner une résille, et c'est là que le goût du dessinateur doit se révéler.

Il ne faut pas d'exagération dans la quantité, il faut chercher à donner aux compartiments une forme qui ne heurte pas celle du motif.

En un mot, on doit arriver à ce que la résille constitue par elle-même un dessin agréable à voir (*fig*. 163).

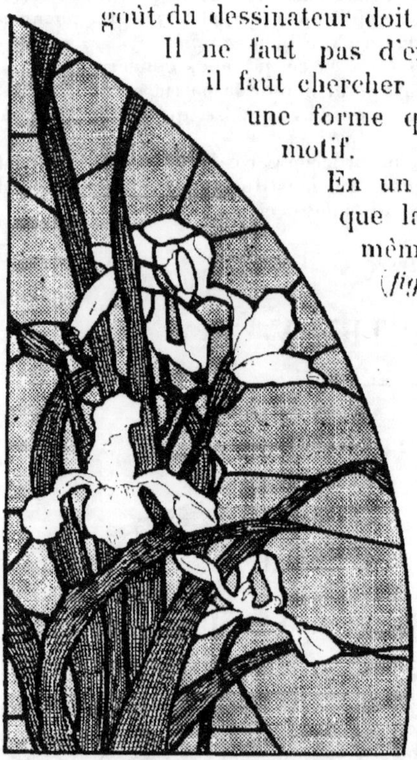

Bien que très spécial, nous ne pouvions passer le vitrail sous silence, d'autant mieux que, à notre époque, on cherche tous les moyens possibles pour varier les effets d'art décoratif.

Des dessins exécutés en « imitation de vitraux » peuvent, dans certains cas, donner de la variété et de l'originalité.

Il est donc bon d'en connaître le dispositif.

Pour l'exécution d'un dessin de vitrail, il faudra indiquer, avec un trait large, tout l'ensemble de la résille en se basant sur ce que nous venons de dire à son sujet.

Fig. 163.

Devoir. — Composer d'abord des motifs séparés dans une forme donnée, puis des ensembles avec *résilles* qu'on indiquera bien nettement avec un gros trait pour donner l'aspect du vitrail dont les éléments seront indiqués par des valeurs différentes.

CHAPITRE VI

Carrelage.

Il nous semble utile de dire ici quelques mots du carrelage.

Le *carrelage* (le mot le dit) est un assemblage de carreaux s'enclavant exactement les uns dans les autres de façon à former un ensemble régulier.

La forme des carreaux doit être simple, à peu près équiva-

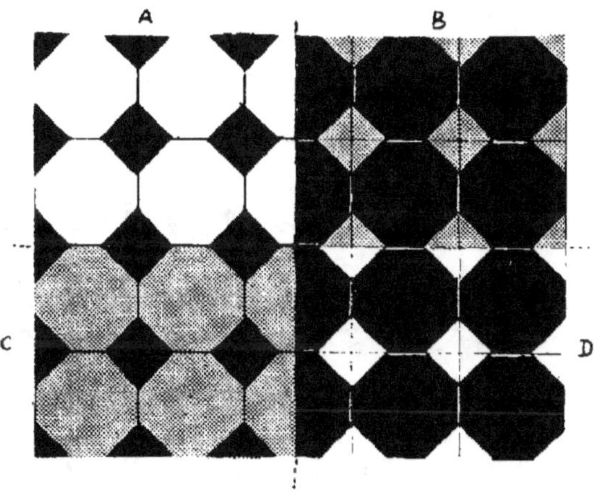

Fig. 161.

lente aux réseaux destinés à recevoir des semis. (Voir le chapitre v, IIe partie.)

Chacun de ces carreaux sera décoré de façon à ce que le dessin se raccorde exactement.

Le carrelage le plus simple est celui qui consiste à employer des carreaux unis, de différents tons et de différentes formes.

Nous donnons (*fig.* 164) un exemple d'assemblage d'hexagones et de losanges.

Nous en varions l'effet en modifiant les tons sans toucher aux formes (*fig.* 164) A, B, C, D.

Les figures 165 et 166 sont des exemples de carrelages à
motifs réguliers se raccordant; unis : figure 165, décorés :

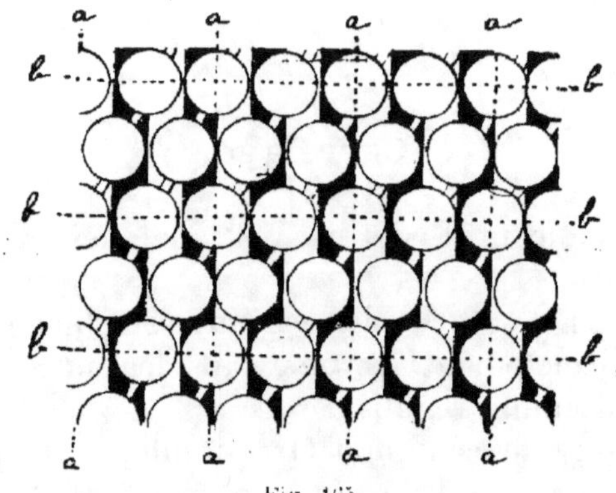

Fig. 165.

figure 166. La figure 167 donne un exemple à motifs irréguliers.

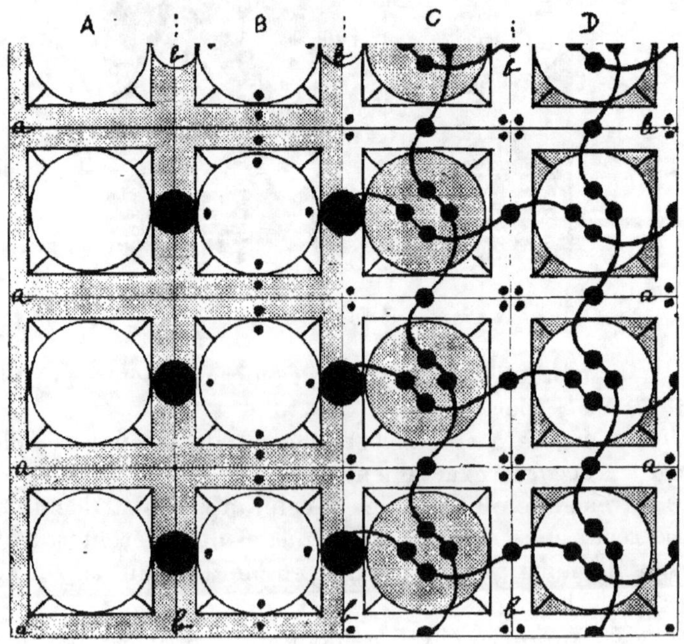

Fig. 166.

La division des carreaux est, dans les trois, indiquée par les lignes *a*, *b*.

On voit, en somme, que le principe est absolument le même

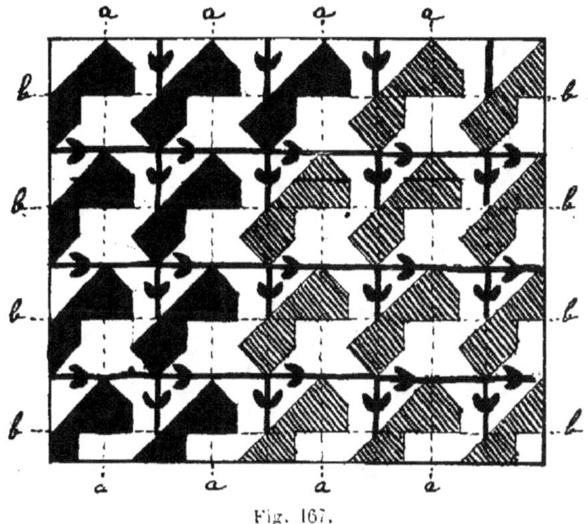

Fig. 167.

que pour les jeux de fond; le carrelage n'est qu'une application de ceux-ci.

Devoir. — Composer divers genres de carrelages variés de couleurs et à carreaux de formes différentes.

CHAPITRE VII

Résumé des chapitres précédents.

Ce chapitre a pour but d'appuyer par des exemples ce que nous avons dit au sujet des exigences de chaque procédé.

Prenons donc un motif fait d'après nature et, sans changer ses formes générales, transformons-le suivant les applications auxquelles on le destine.

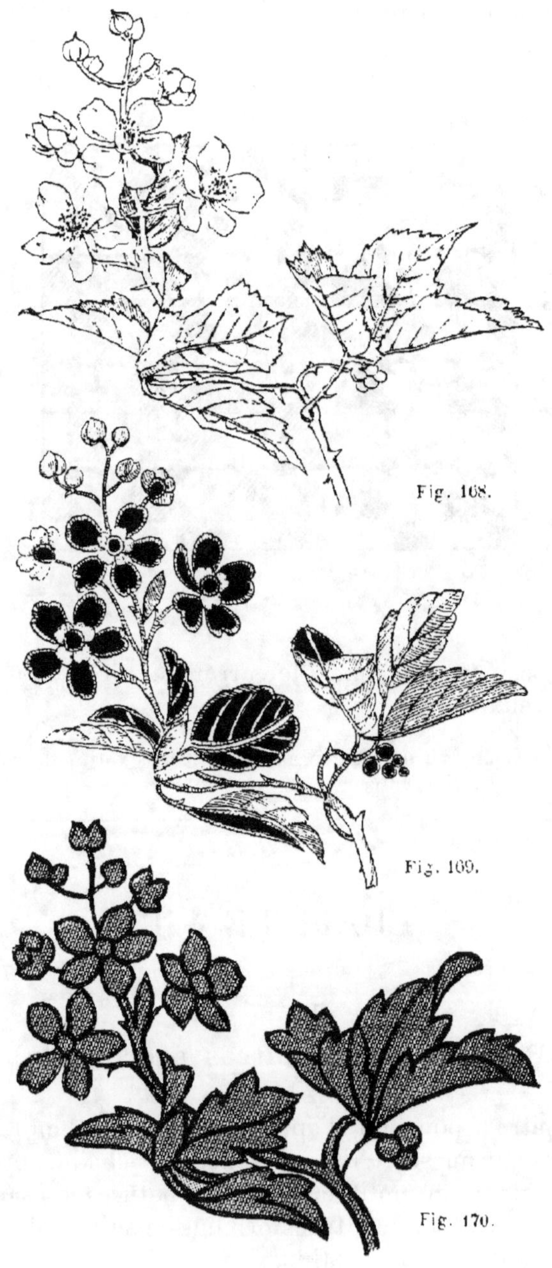

Fig. 168.

Fig. 169.

Fig. 170.

Nous avons dessiné d'après nature une branche de ronce, feuilles et fleurs (*fig.* 168).

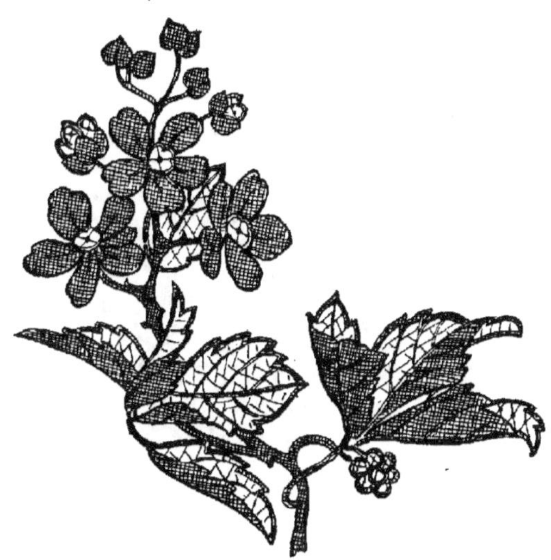

Fig. 171.

Nous transformerons cette branche pour : la *broderie à l'ai-*

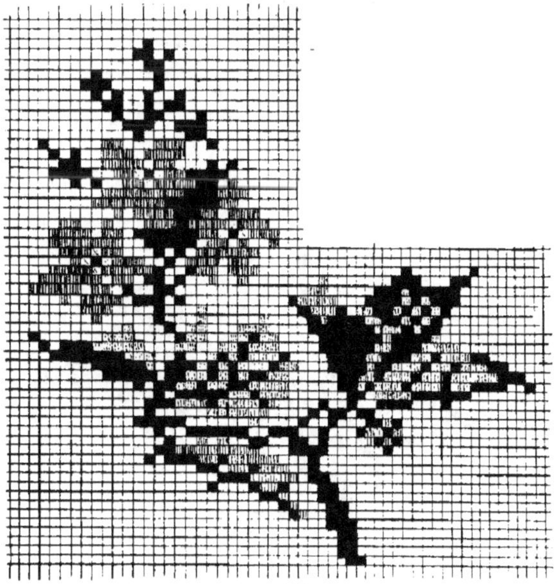

Fig. 172.

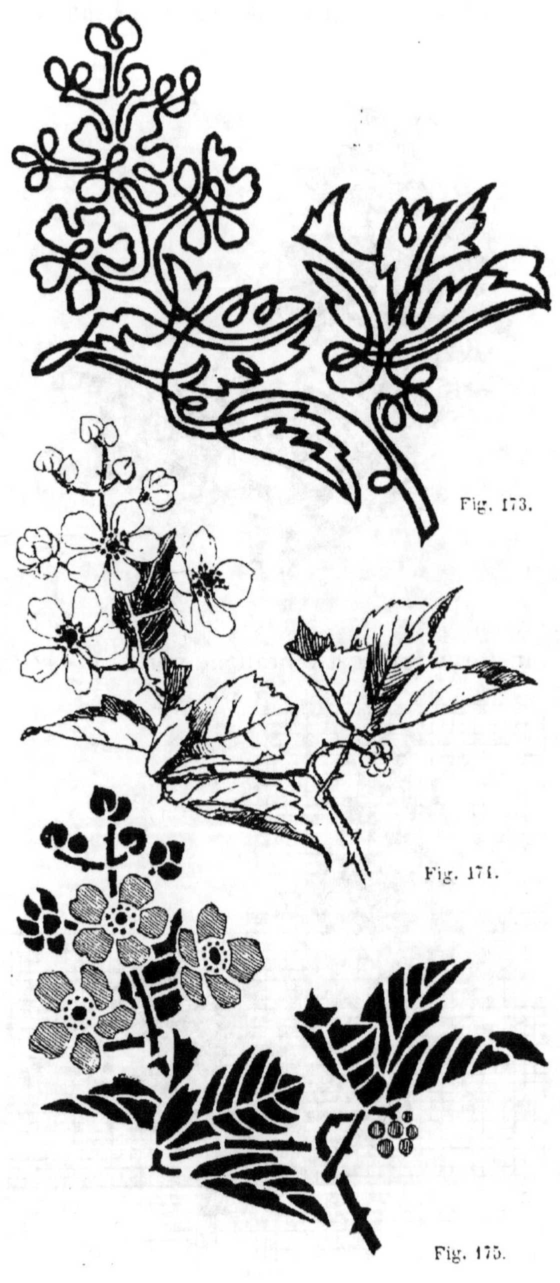

Fig. 173.

Fig. 174.

Fig. 175.

guille ou *broderie anglaise* (*fig.* 169) ; le *point gobelin* (*fig.* 170) ; la *dentelle* (*fig.* 171) ; la *broderie sur canevas* (*fig.* 172) ; la *soutache* (*fig.* 173) ; la *pyrogravure* (*fig.* 174) ; le *pochoir* (*fig.* 175) ; le *vitrail* (*fig.* 176).

Il y a évidemment d'autres applications encore, mais dérivées de celles que nous venons de citer.

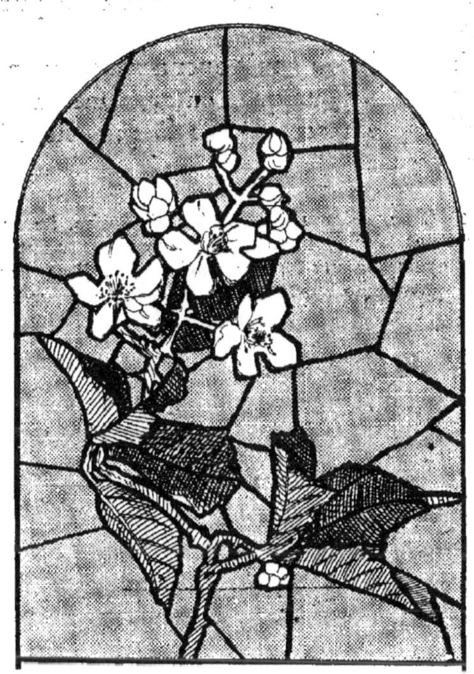

Fig. 176.

La broderie, par exemple, comporte une variété de genres ; de même la dentelle.

Nous devons nous borner à expliquer les exigences de chaque procédé, sans entrer dans le détail de tous les procédés similaires qui en découlent.

Vouloir donner des renseignements techniques au sujet de chacun d'eux serait sortir de notre cadre.

Pour les questions de « métier », il faudra donc consulter des ouvrages spéciaux.

Certains procédés ne demandent pas de dessin spécial et peuvent être interprétés, même d'après un dessin sur nature ; c'est à celui qui en fait l'application à déterminer les exigences du procédé employé.

Tels sont par exemple, nous l'avons dit, la broderie en soies de couleurs, le cuir repoussé, etc., etc.

À cet égard, on pourra se reporter aux chapitres I et II de la IIIe partie.

Nous espérons n'avoir omis aucun renseignement utile et avoir été assez clair pour que, en arrivant au chapitre final, l'élève ne soit pas embarrassé, quels que soient le sujet et le procédé demandés.

Devoir. — 1° L'élève devra dessiner une branche, fleurs, feuilles, tiges, d'après nature ; il les transformera ensuite successivement comme nous en avons donné des exemples aux figures 168 à 176 ; 2° il se servira de la même branche pour composer une bordure à répétition et lui fera subir les mêmes transformations.

APPENDICE

L'agrandissement au carreau.

Pour compléter ce traité, il nous faut dire quelques mots d'un mode d'agrandissement qu'il est indispensable de connaître : *l'agrandissement au carreau.*

Très souvent, avant d'exécuter un dessin à sa grandeur définitive, on en cherche d'abord la composition en petit ; cela s'appelle en faire la « maquette ».

Cette maquette, dans bien des cas, peut n'être que succincte et n'avoir pour but que de chercher des agencements différents. On fait souvent plusieurs maquettes rapides, parmi lesquelles on choisit celle qui rentre le mieux dans le programme imposé.

La maquette, en ce cas, est un simple « croquis », équivalant au « brouillon » d'un devoir.

Mais, quand il s'agit d'un dessin de proportions assez grandes, l'exécution d'une maquette précise est indispensable ; il faut alors qu'elle donne rigoureusement l'indication, en proportions réduites, du dessin à sa grandeur définitive.

On doit, autant que possible, établir sa maquette à une grandeur proportionnelle : soit au tiers, au quart, au dixième d'exécution, par exemple, ou, quand le dessin définitif doit être de très grandes dimensions, à un, deux, trois centimètres par mètre.

Pour bien comprendre, ouvrez votre atlas ; sur chaque carte vous trouverez une échelle de proportions qui vous indiquera que telle mesure marquée sur l'échelle équivaut sur votre carte à telle grandeur sur nature ; un centimètre sur cette carte est, par exemple, l'équivalent d'un kilomètre sur nature.

Lorsqu'il s'agit de dessins simples à figures régulières, presque géométriques, comme nos exemples du début de ce livre, l'agrandissement se fait aisément grâce au compas et au décimètre : mais, quand il faut agrandir exactement un sujet sans rien changer dans la courbe des lignes, l'agencement des détails, etc., le décimètre et le compas ne suffisent plus, tout au moins leur emploi deviendrait-il trop long et trop compliqué.

C'est ici que doit intervenir le procédé qui fait le but de ce chapitre : procédé très simple et très facile à appliquer et qui présente en outre cet avantage de pouvoir mettre à des dimensions voulues une maquette dont l'établissement n'aurait pas été fait dans des proportions facilement calculables.

Sur votre maquette ou, si vous préférez laisser celle-ci intacte, sur une feuille de papier à calquer très transparent que vous appliquerez dessus, tracez une série de carrés qui la diviseront en parties égales. Il est indispensable que ces carrés soient rigoureusement exacts.

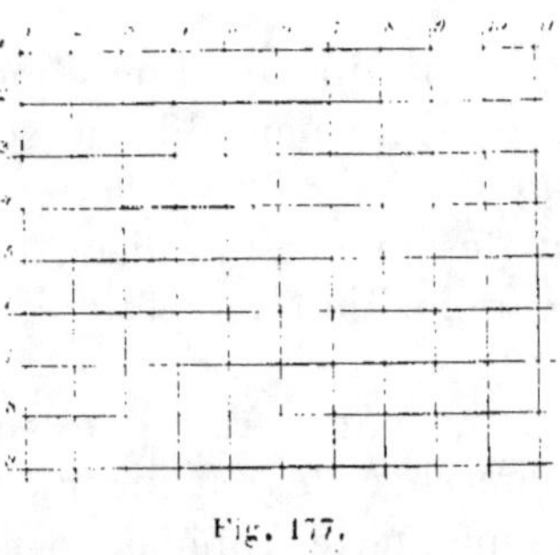

Fig. 177.

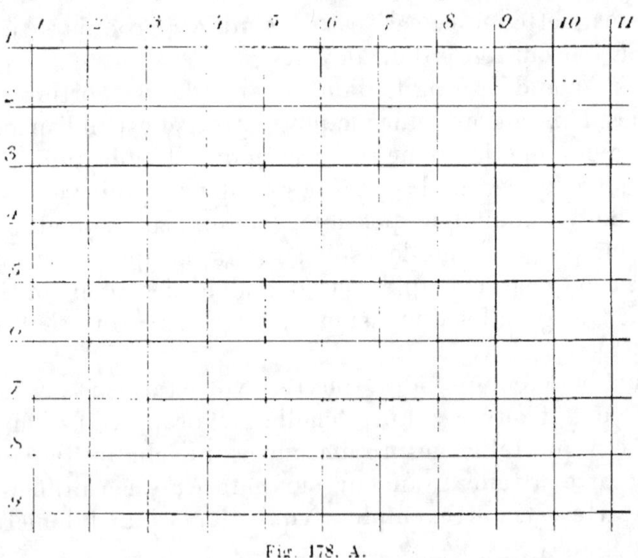

Fig. 178. A.

Vous numéroterez dans les deux sens les lignes formant ces carrés (*fig.* 177).

. Sur le papier destiné à faire l'agrandissement, tracez ce même nombre de carrés à grandeur proportionnelle. C'est-à-dire que, si votre maquette doit être grandie deux ou trois fois, vos carreaux seront deux fois (*fig.* 178, A) ou trois fois plus grands.

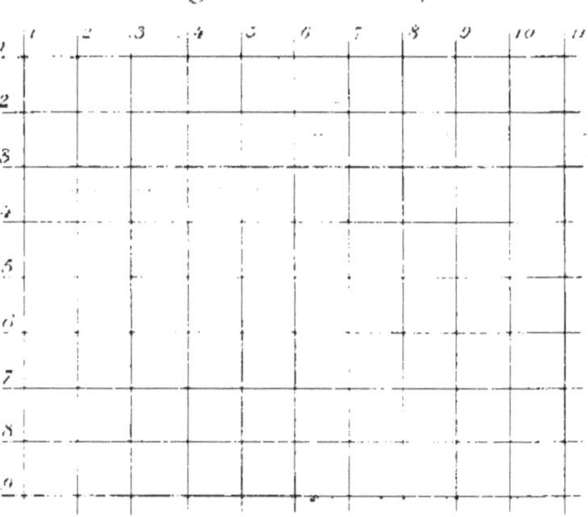

Fig. 178. B.

Je suppose que vous ayez tracé sur votre maquette des carreaux de 3 millimètres, ces mêmes carreaux auront, pour le dessin agrandi, 6 millimètres si cet agrandissement est au double; 9 millimètres s'il est au triple, etc., etc.

Si l'agrandissement ne répond pas à une mesure proportionnelle, le procédé reste aussi simple : vous divisez votre maquette en un nombre quelconque de carreaux et votre agrandissement en un nombre pareil (*fig.* 178, B).

La grandeur des carreaux est à votre choix, plus vous en mettrez et plus l'agrandissement sera facile. Du reste, ce sera à vous d'apprécier, suivant votre sûreté de main et la justesse de votre œil, s'il vous faut

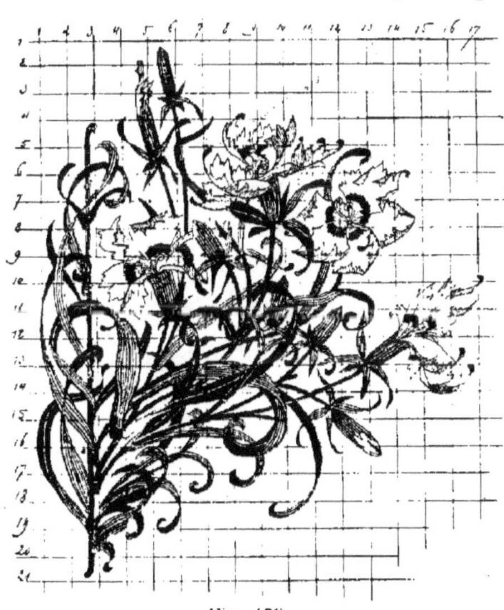

Fig. 179.

plus ou moins de subdivisions. Plus un dessin est menu et compliqué, plus il faut de carreaux coupant les lignes et les détails.

Cela est facile à comprendre puisque, au lieu d'avoir à calculer les proportions des lignes entre elles, les courbes, les

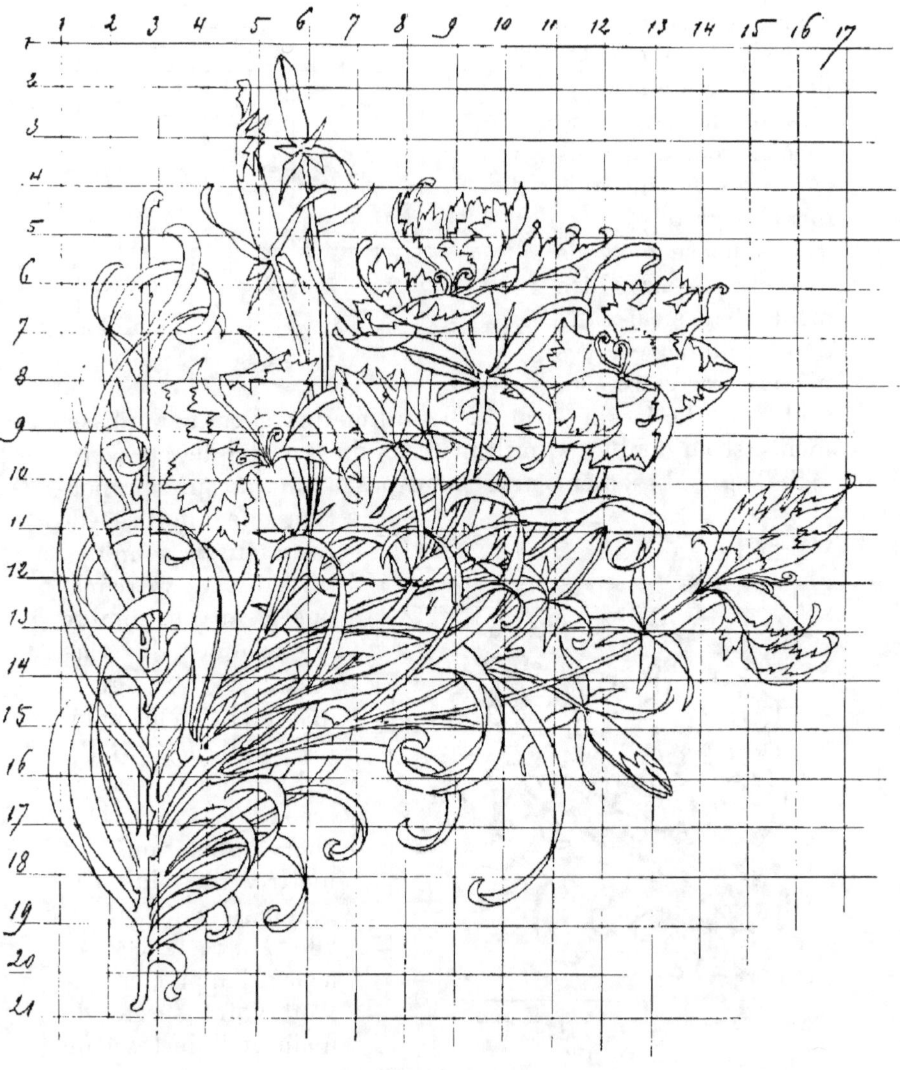

Fig. 180. A.

obliques, etc., sur une surface de grandes dimensions, vous n'aurez qu'à les apprécier et à les dessiner carreau par carreau

en indiquant les traits tombant dans chacun d'eux ou venant
les couper au milieu, au tiers, aux points d'intersection, etc.

Le numérotage des carreaux est indispensable pour éviter
toute erreur de mise en place; grâce à ce numérotage, vous

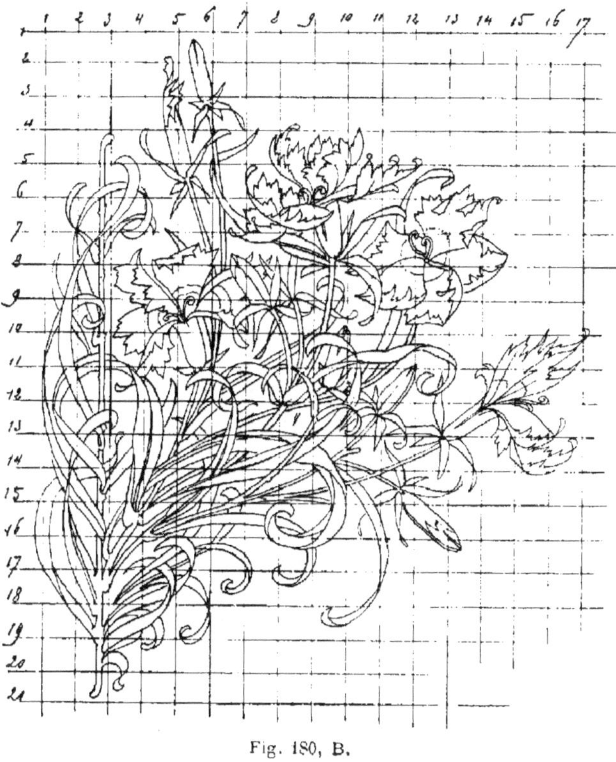

Fig. 180, B.

saurez toujours où vous en êtes. Cela est si vrai que vous
pourriez capricieusement commencer votre dessin dans le
milieu, le reprendre en haut, puis en bas, et rejoindre toutes
vos lignes ensuite, tout en restant exacts.

Ceci est dit seulement pour indiquer combien le carreau
est pratique, mais nullement pour vous inviter à procéder
ainsi. En tout il faut de la méthode.

Les figures démonstratives 179 et 180 vous aideront, du
reste, à mieux comprendre encore les explications qui pré-
cèdent.

La figure 180 A est agrandie au double.

La figure 180 B dans des proportions indivisibles en mesures métriques.

Il va de soi que le même moyen peut s'appliquer pour diminuer un dessin.

Dans ce cas, il est à peine utile de le dire, ce sera naturellement le dessin original qui comportera les carreaux les plus grands et la réduction qui se subdivisera en un nombre égal de carreaux plus petits.

Renseignements complémentaires

Il est bon de tracer les carreaux d'un autre ton que celui du dessin (en bleu, en rouge, etc.), on les rendra ainsi plus lisibles et on évitera la confusion des lignes formant ces carreaux avec celles du dessin.

Il ne faut se préoccuper, dans l'agrandissement, que des formes en négligeant les effets. Il s'agit seulement ici de faire une bonne « mise en place » avec tous les contours et tous les détails nécessaires à l'exécution en grand.

Lorsqu'il s'agit d'un dessin « à renversement », il va de soi qu'il n'est utile d'en agrandir que la moitié, qu'on renversera ensuite au moyen du calque. (Voir II⁰ partie, chap. I.)

De même, pour un dessin « à répétition » ou « à raccords », il ne faut grandir qu'une fois le ou les motifs qui le composent et les reporter ensuite autant de fois qu'il le faudra. (Voir II⁰ partie, chap. II.)

Devoir. — L'élève dessinera une composition décorative détaillée avec courbes, lignes irrégulières à une grandeur moyenne.

Il devra ensuite, par le procédé au carreau :

1° L'agrandir au double ;

2° L'agrandir dans des proportions indivisibles en centimètres ou millimètres. Pour ce second devoir, le professeur donnera une dimension à son gré.

3° Procéder de même pour diminuer un dessin au lieu de l'agrandir.

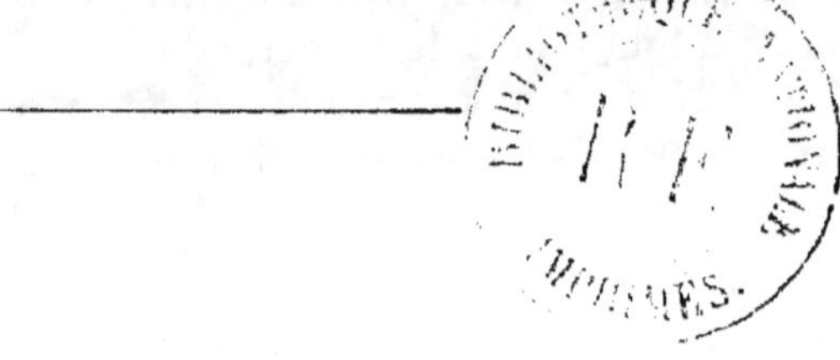

TABLE DES MATIÈRES

SAINT-CLOUD. — IMPRIMERIE BELIN FRÈRES.